빨강 머리
앤줌마의 봄

빨강 머리 앤줌마의 봄

초판 1쇄 발행 2022년 9월 20일

지은이 앤줌마
펴낸이 장길수
펴낸곳 지식과감성#
출판등록 제2012-000081호

교정 한지현
디자인 김찬휘
편집 김찬휘
검수 김우연, 이현
마케팅 고은빛, 정연우

주소 서울시 금천구 벚꽃로298 대륭포스트타워6차 1212호
전화 070-4651-3730~4
팩스 070-4325-7006
이메일 ksbookup@naver.com
홈페이지 www.knsbookup.com

ISBN 979-11-392-0665-4(03810)
값 13,800원

이제 나는 인생의 봄을 만났다.
노을을 보며 가야 하는 나이에 마른 가지를 뚫고 나온
보드라운 이파리 같은 삶의 시간을 마주하고 섰다.

빨강 머리 앤줌마의 봄

앤줌마 지음

지식과감성#

목차

챕터 2. 삶을 위한 노래

챕터 3. 아픈 만큼 익어 가는

챕터 4. 앤줌마의 봄

추천사

지난 1년이 넘는 시간 동안 앤줌마님의 글을 꾸준히 읽어 왔다. 지나침도 모자람도 없이 충분히 깊은 그녀의 기도문과 여유 있는 삶의 이야기들을 그녀의 블로그 이웃으로서 접해 왔다. 그녀가 날마다 올리는 기도문의 깊이와 삶의 연륜을 읽어 나가면서 어느새 그녀의 지난 삶과 마음속 깊은 생각들이 궁금했다. 그녀가 좋아하는 것, 싫어하는 것, 사랑하고 지켜 나가는 것들과 지난 시간들이 궁금했다.

이 이야기들을 통해 그녀는 자신을 살포시 드러내기 시작했다. 세월의 녹진함과 애잔함, 그리고 소녀다운 감성이 공존하는 그녀의 인생 이야기들이 색실을 꿰듯 이어져 나온다. '익어 간다'는 표현을 사랑한다는 그녀의 글들은 지금까지 제대로 익어 세상에 나올 때를 기다리고 있었다. 그리고 충분히 아름답게 여물고 익어 가는 그녀의 시간들과 함께 이제 때가 되어 제 갈 길을 찾아 이렇게 흘러나왔다. 따스한 손을 마주 잡고 싶어지는 그녀의 글이 여기 있다. 여기 용기와 결단이 필요했을 이야기들을 써 내려간 그녀는 이미 훌륭한 작가이며 앞으로도 그러할 것이다.

임수진 ('안녕, 나의 한옥집' 작가)

프롤로그

아직 이른 아침이다. 켜켜이 쌓인 먼지를 털어 내고 잠자듯 누워 있는 그를 불러 본다. 그렇게 죽은 듯이 깊은 잠에 빠졌다가도 계절이 바뀌는 창가에서나 비 오는 날이나 바람 부는 밤에는 소리도 없이 찾아와 나를 흔들어 놓고는 슬그머니 사라져 버리곤 한다. 오늘 새벽 꿈결에서도 그가 나를 부르는 소리를 들었다. 그는 늘 그렇듯이 적당한 간격을 유지하고 내게 손짓을 하고 있었다.

그와 다시 시작하려면 나는 나를 누르고 있는 두려움의 틀을 깨뜨려야 한다. 그는 나의 두려움에 늘 관심이 없다. 무심한 그에게 나는 가끔 섭섭하기도 하다. 나도 그에게로 다가가 보려고 노력은 했으나 늘 발목을 붙잡고 늘어지는 그놈에게 지고 만다. 그가 찾아와 눈을 마주쳐 준 삶의 후미진 언덕마다 그놈은 뒤따라 찾아와서 센 훅을 날리고서 도망쳐 버린다. 40년 세월에도 그놈은 지치지도 않았고 근육만 커졌다. 다행히도 그럴 때마다 그가 찾아와 두려워하는 나의 마음에 입김으로 온기를 넣어 주고는 아무 일도 아니라는 듯 웃어 주곤 한다.

'그래, 그놈에게 이기려면 크게 심호흡부터… 후~'

나는 녹이 슬어 닫혀 버린 나의 마음을 얇은 티슈 한 장을 뽑아 들고서 무심히 닦아 낸다. 굳게 닫힌 창문도 두 손으로 붙들고 힘을 주어 열어 본다. 창살에 묻어 있는 세월의 흔적들을 손바닥으로 쓸어 내고 시린 바람을 온몸으로 받아들이며 바람을 타고 온 햇살에 마음을 녹여 본다. 그를 만나서 다시 시작하려는 마음이 조금씩 설레고 다시는 그놈에게 지지 않으리라 다짐하는 호흡도 서서히 안정을 되찾는다. 오래되어 낡은 꿈이었지만 그놈-자괴감-에게 번번이지는 이유는 한참 모자라는 재주와 만만치 않았던 삶이 한몫 단단히 거들었다. 무엇보다 나의 마음이 문제였을 것이다. 현실의 삶이 더 급하다는 이유로 꿈 앞에서 초라해지는 나를 마주하기 거북했을 것이다. 내게 어울리지 않는 화려한 이름표라고 치부해 버리면 마음의 불평이 가라앉고 차분한 일상으로 돌아오는 편안함이 있었다.

우연히 블로그를 시작하고 아지랑이 같은 녹녹함이 마음에서 되살아났다. 수없이 도리질 하고서 눈을 감아 버렸지만 체면도 없이 찾아오는 꿈을 밀어내기에는 이미 나의 마음이 변하여 버렸다. 많은 사람들이 꿈을 향하여 달려가는 길목으로 나도 가슴을 활짝 펴고 몸을 앞으로 들이밀며 꿈을 만나러 갈 채비를 꾸린다. 들뜬 마음을 주머니 속에서 꺼내어 거울처럼 들여다보며 천천히 느린 걸음으로 가려한다. 오랜 세월을 묻어 두었던 꿈이기에 예의를 갖추어 손바닥에 내려앉은 햇살과 입가에 번지는 미소를 바람에 실어 먼저 보내고 나도 꿈을 따라 길을 나선다.

챕터 1.

꿈을 따라 길을 나서다

익어 가는 시간들

나는 이제 익어 가는 인생이다. 어떻게 살아 내야 마지막에 웃을 수 있을까? 이런 질문은 내가 갱년기라는 언덕을 다 오른 후에 내리막길을 향하여 발을 디딜 때쯤 시작되었다. 나는 유난히 지독한 갱년기를 겪었다. 온몸의 면역력이 바닥이 나고 감정이 절제가 되지 않아 나를 혹사하고 자신을 원망했다. 몽골로 선교를 나간 딸에게 전화를 걸어 살고 싶지 않다는 말을 태풍처럼 사납게 쏟아 내기도 했다.

그렇게 갱년기와 사투를 벌이며 하루하루를 연명하던 어느 날 입 안에서 피가 쏟아졌다. 치과를 찾았더니 잇몸이 다 녹아내려서 이를 다 뽑아내고 틀니를 해야 한다는 청천벽력 같은 소리를 들었다. 지금에서 돌아다보면, 아직은 쉰셋 꽃다운(?) 나이였다. 치과를 여러 곳 돌아다녔으나 어느 병원에서도 내가 참아 낼 수 있는 치료나 방법은 말해 주지 않았다. 이를 전부 뽑아야 한다는 말과 틀니를 해야 한다는 말 외에는… 그렇게 지독한 갱년기가 언덕을 오르고 나서야 내 자신이 보였다.

그날도 양치를 하다가 피를 토하듯 쏟아 내고 8월의 뙤약볕이 내리쬐는 마당에 쪼그리고 앉아서 하염없이 울었다. 그제야 지친 나를 햇살에 눈부신 창을 통하여 들여다보았다. 볼품없이 말라비틀어진 육체와 소망 없이 허공을 맴도는 눈동자가 슬펐다. 순간 알 수 없는 오기가 뜨겁게 치밀어 올랐다. 땀에 흥건히 젖어 독이 오른 내가 나에게 말을 걸었다.

'이대로 무너지기엔 너무 아까운 인생이야 그쟈.'

'아직도 가야 할 길이 많이 남았는데…'

나는 스스로 엉덩이를 툭툭 치며 버텨 내기로 합의했다. 꿈에서도 이어진 자신과의 싸움에서 의지로 버텨 냈다.

어느 날 잇몸의 피가 멈췄고, 흔들리던 이가 단단해졌다. 밤낮으로 항생제에 의지하며 살던 몇 년의 시간이 지나가고 면역력도 조금씩 회복되었다. 소식을 들은 친구들이 잇몸에 좋다는 식품들을 보내주었다. 나도 뼈와 근육에 좋은 정보들을 열심히 찾아서 먹고 몸에 맞는 운동을 했다. 걷기를 좋아하는 나는 더 열심히 걸었고, 나를 위해 더 많이 더 크게 소리 내어 웃었다. 나만을 위하여 시간을 사용한다는 것이 사치일 수 있는 쉽지 않은 환경이었지만 죽기를 각오로 성실히 살아 내었다. 살고 싶었다. 그것도 아름답고 품위 있는 삶을!

친정아버지께서 천국으로 가신 후에 엄마를 모시게 되었고 아들이 결혼하여 타지에서 살다가 느닷없이 직장을 그만두고 내려와 아들 내외와 손자, 손녀랑 한 지붕 두 집 살림을 하게 되었다 다행히 시간은 정직하게 흘러갔고 나의 노력이 헛되지 않다는 걸 느낄 수 있어 감사했다. 결국 아들 가족은 인격적 독립을 하였고 엄마도 지난해 천국으로 가셨다.

지난봄에 다시 한번 몸의 반응이 민감해졌으나 수년을 노력해 온 정신이 일으켜 주었다. 인생 100세 시대가 넘었고 120세까지 간다 하니 무섭기도 하고, 두렵기도 하지만 '남아 있는 인생-익어 가는 인생'에 대하여 더욱 관심이 늘어났다. 멀리 내다보지는 않더라도, 그만큼 멀리 갈 수도 있다는 생각을 하며 익어 가는 시간들을 차근차근 준비하여 건강하고 품위 있게 살아 내고 싶다. 호흡이 멎는 순간까지 나를 살필 수 있는 에너지를 스스로 생산하는 방법을 찾고 싶다.

또 누군가에게 기대어 살아가는 수동적인 삶은 경계하고 싶다. 나는 인생의 마지막 계절인 익어 가는 시간 앞에서, 내가 살아 내었던 처절한 삶의 흔적들을 비워 내는 중이다. 어쩌면 가장 나를 위한 삶일수도 있는 시간들을 위하여 기도하며 기대하는 마음으로 설렌다. 무엇인가 급히 이루어 내어야 하는 시기를 지나 비움과 익어 가는 맛이 보장된 느린 시간의 만남이기에 오히려 느껴지는 여유로움이 나를 자신 있게 만들어 줄 것을 믿는다.

더 이상 잃을 것이 없다. 무언가를 더 많이 가져야 할 욕심도 없다. 그렇기에 슬로우 템포의 왈츠를 추며, 마지막 계절의 비움과 익어 가는 인생을 즐기려 한다. 나의 이런 계획과 소망들이 나를 살아 내게 하고, 약해지는 육신과 씨름할 때도 버티기 한판승으로 승리의 여신이 내 손을 번쩍 들어 주리라 확신하며 나는 오늘도 꿈을 따라 나선다.

아직도 결혼은 진행 중

나에게 친정은 거리가 4~5시간은 떨어져 있는 것처럼 멀게 느껴진다. 아버지가 먼저 세상을 떠나시고 지난해 엄마마저 아버지에게 가신 이후로 친정은 이름마저도 마음에서 지웠다.

사실 부모님께서 마지막까지 살다가 가신 집은 내가 사는 곳에서

30분이면 닿는 곳이었다. 그럼에도 엄마가 손이 필요하여 나를 부르는 게 아니라면 두 분 생일과 명절, 보너스로 어버이날에 찾아가 두어 시간 머물다 오는 것이 전부였다. 연락마저 필요할 때 엄마가 먼저 하셨기에 내가 드린 안부 전화는 일 년에 몇 번 안 되었다.

내가 엄마를 위하여 할 수 있는 최선은 나의 삶을 단정히 살아 내며, 부모님께 아쉬운 소리를 하지 않고, 엄마의 얘기를 잘 들어주는 그것이면 충분했다. 경제적으로도 나보다 훨씬 더 부유했고 아버지와의 문제만 없으면 걱정이 없는 삶이셨다. 아마도 2남 3녀 형제, 자매 모두가 동일하게 생각했을 것 같다.

엄마는 늘 아파하셨고 일도 많이 하셨다. 아버지에게는 어떤 실수도 하지 않으려 애를 쓰며 마음을 다하셨다. 세탁기가 있어도 아버지 옷은 손빨래를 하셨다. 아버지를 위한 밥상에는 늘 반찬이 다섯 가지가 넘었다. 딸들이 행여 아버지에게 기대를 높게 가지고 실망할까봐, 대를 잇지 못하는 딸을 대하는 차가운 반응과 태도에 대해 만날 때마다 설명해 주셨다.

나는 스물여섯에 결혼해서 아버지와 엄마의 품을 떠나 왔다. 2남 3녀 중 넷째, 위로 오빠와 언니 둘이 있었기에 집안에서 맡은 역할이 없었고, 사고를 치거나 야단을 맞을 일도 없어서 자라는 동안 나의 존재 가치는 희미했다. 부모의 품을 떠나 모든 책임을 스스로 져야하는 삶을 아무런 준비도 없이 단순하고 호기롭게 결정한 이유는 부모님의 기대치가 낮다는 것을 이미 알고 있었기 때문이다.

결혼을 결정하고 혼례를 진행하는 과정 속에서 지금 남편의 가족과 불협화음이 있었지만, 내가 잘하면 되는 일이라고 가볍게 생각하고 개의치 않았기에 불안함이나 두려움은 없었다. 그저 내가 보고 들어온 아버지를 떠날 수 있어서 또 엄마의 어깨에 짊어진 삶의 무게를 덜어 주고 싶은 마음으로 결혼의 문을 힘껏 열었을 것이다.

'나는 아버지 같은 남편을 만나지 않을 것이며, 엄마처럼 남편에게 목메는 삶을 살지 않을 테다.'

수없이 나를 향하여 다짐하고 약속했었다.

아버지와 엄마에게 보여 주고 싶은 것이 많은 출발이었다. 자라면서 바쁘신 아버지와 마주 앉을 기회가 없었다. 엄마는 늘 아버지의 밥상을 따로 차렸기에 함께 둘러앉아 밥을 먹어 본 기억이 없다. 아버지는 아침 일찍 출근하여 늦은 저녁에 오셨기에 "다녀오셨어요." 라고 인사드리는 것이 아버지에게 건네는 제일 긴 문장이었다. 쉬는 날에도 아버지가 계시면 엄마는 "조용히 해라, 아버지 쉬신다, 주무신다." 주의를 주었기에 크게 웃거나 소리 내며 노는 것도 조심스러웠다.

내가 고등학교에 입학할 무렵의 아버지는 서울에 있는 직장을 따라 막내 남동생을 데리고 거주지를 옮기셨다. 그 후 떨어져 산 지 5년 만에 집으로 돌아오셨다. 엄마는 여전히 아버지 앞에 나를 얼씬도 못하게 단속했지만, 나도 서울서 직장 생활을 2~3년 한지라 간이 조금 커져 있었고, 아버지가 그리 무섭게 생각되지는 않았다. 오히려 엄마를 제치고 아버지에게 배우고 싶은 것들을 말하여 수강료를 타 내기도 하고 용돈도 받아서 썼다.

국민학교 5학년 즈음 엄마를 졸라 피아노를 배웠다. 배운 지 얼마 되지 않아서 최신식 오르간이 집으로 배달되었다. 내가 피아노를 배운다는 것을 아시고 아버지가 사 주신 것이다. 그 시절엔 종이 건반으로 피아노 연습을 하던 시절이라서 오르간이 집으로 온 사실은 대단히 놀랄 일이었다. 학교에서도 음악 시간에 삐걱거리는 오르간으로 연주하며 노래를 불렀었다. 아버지가 나를 위하여 학교에 있는 오르간보다 훨씬 더 좋은 것으로 선물해 주신 것이다. 피아노를 막 배우기 시작한 나에게 말이다. 아마도 내게 아버지의 사랑이 찐하게 각인된 날이었을 것이다.

어쩌면 아버지를 떠나는 것보다 엄마에게서 벗어나는 것을 더 원했었는지도 모를 일이다. 아버지에 대한 이야기를 거침없이 쏟아 내는 엄마가 더 힘들었을 것이다. 나에게는 그렇게 미운 아버지가 아니었기 때문에.

그즈음에 오빠와 큰언니는 결혼을 하였고 작은언니는 큰언니의 마트 개업을 도와주러 서울로 간 후였다. 집에는 아버지와 엄마 그리고 나 셋뿐이었다. 나는 제법 손끝도 야물고 눈치도 있어서 엄마의 눈 밖에 날 일이 없었지만 셋만의 동거는 힘이 들었다. 엄마에게 이야기 상대는 나밖에 없었고 엄마의 관심사는 오직 작은언니의 결혼인데 작은언니가 손이 닿지 않는 곳에 있었으니 눈이 내게로 쏠릴 수밖에 없었다.

엄마의 눈을 피하여 탈출을 시도한 나는 늦은 나이였지만 학교를 입학하여 공부를 하고 있었다. 내가 아무리 버텨 봐야 엄마 손바닥 안이었고 아버지와 엄마 사이의 냉전을 버틸 지혜도 없었다. 남편을 소개받은 지 두 달 만에 결혼이 이루어졌다. 나는 아버지와 엄마에게서 분리되어 인격적 독립을 하는 것만으로도 충분히 만족했다.

통영에서 달콤한 신혼을 시작했다. 빠르게 선택한 결혼, 가볍게 떠나온 마음이라고 해서 쉽고 편안한 길만 주어지지는 않았다. 아무것도 준비된 것이 없었던 인생은 엉성했고 덜컹거렸다. 인생이라는 광야에서 태풍으로 지붕이 날아가는 참혹한 현장에 서기도 하고, 슬프고 불안한 날들과 마주하기도 했지만 나는 돌아갈 곳도 위로하며 안아 줄 사람도 없었다. 엄마는 아버지를 먼저 보내고 나와 함께 사는 동안에도 아버지에 대한 원망의 마음을 풀지 못하셨다. 아버지와 엄마의 인생에서 나는 그저 실패자 같았다. 그래서 나는 더 부지런히 간절하게, 나만의 인생을 살고 싶었다.

이만큼에 와서 돌아다보니 인생에서 몰아치는 태풍이나 밀려오는 파도가 모두 다 불행의 씨앗은 아니며 좋은 환경이 모든 상황의 행복을 보장하는 것도 아니라는 것을 어린 시절부터 느꼈다는 것이 내게는 복이었다. 스스로 포기하지 않고 살아가는 인생이야말로 주어진 삶에서 우리가 가질 수 있는 가장 반짝이는 훈장이 아닐까 생각해본다.

행복은 내가 나에게 주는 점수이다. 내 삶이 그것을 드러내고 증명한다. 나는 오늘 내게 불어오는 순풍에 몸을 맡기고 마음의 고요가 주는 평화를 가득히 누린다. 내일은 또 내일의 삶에서 파도나 바람을 만날 수 있다. 나는 진심을 다하여 온 마음으로 내게 온 것을 환영하며 피하지 않고 뜨겁게 안아 주려 한다.

나는 내가 선택한 결혼이 아직도 진행 중이어서 감사하다. 어느새 딸과 아들도 제 짝을 만나 한 걸음씩 가고 있는 모습이 보기 좋다. 자녀들이 살아가는 모습은 내게도 도전이 되고 용기가 된다. 아버지와 엄마는 많은 부를 가지셨음에도 자식들에게도 사랑받지 못하셨다. 남편은 아버지를 20대 초반에 잃고 아무것도 가진 것이 없었다. 지금도 여전히 부자는 아니지만 남편과 나는 아이들을 사랑하고 그들의 인격을 존중하며 삶을 응원한다. 아이들도 우리의 삶을 존중하고 그들이 걷고 있는 인생에 우리를 초대해 주었다. 나는 이제 아들과 딸, 사랑스러운 두 커플을 나란히 앞세우고 순풍에 돛 단 듯이 신나게 따라가 볼 요량이다.

결혼 행진곡

마치 어린아이가 엄마를 따라 마트에 가서 먹고 싶었던 달콤한 쿠키를 손에 넣은 후의 만족감처럼 결혼을 선택한 나의 마음 역시 그랬다. 1984년 5월 연휴에 만났던 것으로 기억된다. 작은 도시에서 남자와 여자가 만나는 찻집은 한정되어 있었지만 남편의 집 가까운 곳으로 약속 장소가 정해졌다. 엄마에게서 약속 장소를 받아 적고 내가 가장 좋아하는 연분홍 줄무늬 원피스를 골라 입고서 대문을 나서려는 찰나였다.

"그 어른이 살아 계셨으면 나하고 사돈되는 것을 좋아하셨을 낀데 낀데…."

마당에서 서성거리던 아버지가 혼잣말처럼 툭 말씀하시곤 돌아서셨다. 신록의 계절 5월의 나뭇잎들은 봄꽃보다 더 사랑스럽고, 바람도 부드러웠다. 버스를 타고 약속장소를 향하여 가는 나의 마음에도 설렘과 기대가 가득했다. 둔탁한 나무문을 밀고 들어서자 희뿌연 공기가 나를 제압했다. 그 시절엔 젊은이들이 모이는 찻집에도 담배연기가 자욱하던 시절이었다. 그러니 어른들이 모이는 다방은 두말하면 잔소리다. 두리번거리는 나를 먼저 발견하고 손을 들어 부르는 소리가 낯설지 않았다.

우리를 서로에게 소개하신 분은 남편 외숙모의 동생이다. 엄마와도 친분이 있어서 나도 아는 분이다. 남편은 어머니와 함께 나왔다. 먼저 남편의 어머니와 눈이 마주쳤다. 어머니는 곱고 예쁘셨다. 차를 한잔 나누며 내게 몇 마디 건넸고 곧 자리에서 일어나시며 "아가씨랑 좋은 시간 보내라."고 당부를 하시곤 자리를 피해 주셨다.

아가씨를 처음 보는 맞선 자리에 총각은 청바지 청재킷 차림이었다. 자세도 비스듬히 어정쩡하게 의자에 기대고 있었다.

"같이 가요."

다 큰 남자가 밖으로 나가시는 어머니를 붙잡으며 말했다. 그 모습을 보자니 어이가 없었지만 최대한 예의를 갖추려 노력했다. 차를 마신 후 다방에서 나온 우리가 간 곳은 전자오락실이다. 내게 50원짜리 동전을 쥐어 주곤 그는 열심히 오락에 몰두했다. 처음 가는 전자오락실도 낯설지만 그의 행동이 더 난감했으나 그의 모습이 그리 싫지는 않았다. 두어 시간 동안 무엇을 했는지 더 이상의 기억은 없다. 그날이 우리에게 만난 지 첫날이었음에도. 집으로 돌아와 궁금해하는 엄마에게 딱히 할 말이 없었다. 심지어 마음에 기대도 없었다.

맞선을 본 후 2주 동안 그는 잠수를 타는지 고요했다. 남편을 만나기 전에 나는 엄마의 성화로 만난 다른 남자가 또 있었다. 집안도, 직업도, 얼굴도 모두 최상급으로 마음에 들었다. 첫 만남에서도 내게 호의적인 언어와 행동이 충분했다. 그런데 마음이 기울지 않았다.

'다 갖추어져 있는 사람이 왜 나 같은 여자를….'

그땐 '사' 자가 붙는 직업엔 대놓고 열쇠를 요구하던 시절이라서 자신감이 없는 게 당연했고 나 스스로 초라하게 느껴졌다. 누구에게도 칭찬을 받아 본 적이 없었기에 거절을 위하여 서로의 집안에 대한 예의를 차리는 것이라고 치부했다.

하얗고 부드러운 이미지의 얼굴도 자신이 없었다. 그 시절엔 남자의 얼굴이 잘생기면 부정적인 시각이 많았다. 아마도 가부장적인 사회적 분위기에서 아버지의 영향을 받아 딸들의 마음속에도 깊이 뿌리를 내렸을 테다. 그 남자에 대한 나의 마음을 완전히 접고서 남편을 만났기에 설렘과 기대를 가질 수밖에 없었으나 남편은 침묵으로 일관했다.

그 틈새를 비집고 남자가 다시 손을 내밀었다. 그런데 이번에는 엄마가 그 손을 뿌리쳤다. 언니들과 합세하여 내 마음을 돌리려 설득하더니 단번에 거절하셨다. 엄마의 결정을 보며 나는 아직 결혼할 때가 아닌가 보다, 포기할 즈음에 남편으로부터 연락이 왔다.

한 번 더 보고 싶은 마음과 차갑게 거절하고 싶은 마음이 반반이라서 단순히 양가 어른들의 입장을 이해해 주는 척하면서 약속 장소로 나갔다. 남편은 첫 만남보다는 부드러운 모습으로 말을 걸었다. 나를 만나기 전 학교에서 배구를 하다가 허리를 다치는 바람에 맞선 자리에서 어정쩡한 자세로 앉아야 했다며 2주 동안 학교에 일이 많아 퇴근도 못 했다고 변명했다. 통영에 있는 중학교에서 교사로 근무하고 있던 남편과의 만남이 그렇게 시작되었다. 나의 인생에도 새바람이 불어왔다.

남편의 집에서는 시어머니의 회갑이 8월이기 때문에 결혼을 재촉했고, 나는 집을 떠날 각오가 충분히 되어 있었기에 망설일 이유가 없었다. 7월 17일 제헌절, 전 국민이 쉬는 날 나의 인생 2막을 위한 새 출발의 시간이 턱에 닿아 있었다. 아버지는 남편의 아버지, 돌아가신 시아버지의 인품이 훌륭하시다고 말씀하시며,

"가정도 따뜻하니 니만 가서 잘하모 된다."

짧고 굵은 조언이 결혼을 준비하는 마음에 안심은 되었지만, 며칠

전에 남편 될 사람에게서 들은 말은 삼켜야 했다. 엄마가 신랑 예물 하라고 준 돈으로 남편에게 시계와 반지를 나는 반지 하나를 맞췄다. 이미 선택한 인생의 책임은 내 몫이었다. 대학 재학 중에 갑자기 아버지를 잃은 남편은 아버지와 함께 모든 것을 다 잃었다고 했다. 대출을 받아서 결혼에 필요한 것을 준비해야 한다는 말에 나는 빚을 지고 시작할 수는 없으니 내가 받아야 할 것을 받지 않고 시작해도 된다며 분명하게 말했다. 남편의 가정이 경제적인 형편은 부족했지만 남편에게 있는 온기를 믿었다.

뒤뚱거리며 진행된 결혼식을 위한 준비가 끝이 났고 드디어 결혼 행진곡에 발을 맞추어 아버지의 손을 잡고 인생의 광야를 향하여 담담히 걸어 나갔다.

딸

어제 남강 길을 이만 보나 걸었다. 집에 도착하니 긴장이 풀어졌는지 몸의 균형이 깨지는 소리가 감지되었다. 몸과 발을 따뜻한 차와 온 냉찜질로 달래 주며 깨끗하게 씻고는, 몸살약도 미리 먹어 주는 센스까지 발휘하며 서둘러 잠자리에 들었다. 덕분에 잠에서 깨어날 때 몸이 상쾌했다. 이렇게 마음의 평화가 가득 찰 때면 한 지붕 아래(1층과 5층)에 살고 있는 딸램 생각이 난다. 가지고 내려온 빨래도 햇살에 마른 뽀송한 모습으로 곱게 접혀 바구니에 담긴 지 2~3일은 지났으니, 얼굴 본 지가 여러 날이 된 듯하다. 핸드폰을 들고 딸램을 불러 본다.

"딸램~"

"어~ 엄마."

"바쁜가 보오. 파 서방은…?"

"스벅에 가고 없소~"

"이런 날엔 엄마가 운전하는 차를 타고 딸램이랑 드라이브 가면 좋을 텐데… 미안하오~"

"개그하오? 난 괜찮소~ 이번에 모집한 엄마표 영어가 성적이 좋소~ 개강 준비 하려면 바쁘오."

열 달을 배 앓아 낳은 새끼라고 엄마의 마음을 한 번에 꿰뚫어 본다. 나의 딸은 허니문 베이비다. 결혼식을 마치고 신혼여행에서 돌아와 남편과 알콩달콩 고소한 참기름을 짜며 서로에 대하여 알아 가는 시간을 건너뛰고 '엄마'라는 이름표를 먼저 달았다. 나는 유난히 아기를 좋아했다. 동네 아기들과 조카들은 다 내 차지였으니 이제 내 아이가 생겼다는 사실이 나는 기뻤다. 아기가 원할 때에 언제든지 눈을 맞추며 사랑하리라 생각하니 마음도 덩달아 행복했다.

과거의 결혼은 여자가 집을 떠나서 남자의 집으로 옮겨 심어지는 개념이 있었다. 또 여자는 친정에서는 완전히 분리되고 남자는 결혼

전보다 더 부모와 밀착되는 관계(아내가 된 여자를 통하여)가 되는 것이었다. 그러나 나는 걱정하지 않았다. 남편의 가족이 아버님의 죽음에서 헤어나지 못하고 어렵고 힘든 시간을 보내고 있는 것을 나는 알지 못했기 때문이었다.

우리는 매주 토요일이면 시댁으로 향했다. 통영에서 버스를 타고 진주까지 1시간 40분 정도 소요되었다. 그 시절 통영에서 진주 길은 '전설 따라 삼천 리'로 불릴 만큼 꼬불꼬불 험한 길이었다. 버스는 항상 만원이었고 후덥지근한 여름 날씨에 입덧은 심해져 비닐봉지를 준비하여 버스를 타야만 했다. 남편에게 혼자 다녀오라고 말한 적도 있지만 아버지를 잃은 남편의 마음이 온통 자신의 어머니에게 쏠려 있어서 내가 어떻게 해 볼 도리가 없었다. 그리고 이미, 나는 남편과 한 몸이 되었고 남편의 마음이 내 마음이 되어야만 했다. 딸램을 낳을 때까지 매주 토요일이면 시댁으로 향했다. 아내, 엄마, 며느리의 역할이 똑같은 무게로 동시에 시작된 것이다.

어머님과 남편의 형인 아주버님은 한집에 살고 계셨고 동서인 형님은 직업이 있었다. 내가 결혼하고 두 달이 지날 즈음에 형님은 아기를 낳았고 나는 형님의 산후조리를 돕기 위하여 시댁으로 출발하였다. 임신 8~10주차는 유산이 가장 염려되는 시기였지만 나의 몸을 걱정해 주는 가족은 아무도 없었다. 집안 청소와 조카의 기저귀를 빨아서 널고 개는 과정은 모두 나의 몫이었다. 어머니와 형님의 사이가 원만하지 않았기에 어머니는 내가 오래 머물기를 원하셨다. 나는 초보 며느리였고 남편의 가족에 대한 정보도 없었기에 무조건 어머님의 말씀에 순종해야 했다. 마음으로는 당황할 일이 자주 생겼지만 표현을 할 수가 없었다.

어머님과 아주버님은 형님과의 문제가 생기면 한밤중에도 전화를 하셨다. 그렇게 전화를 받은 다음 날 아침에 시댁으로 가는 일도 있었다. 그래서 딸램을 낳고 통영에서 본격적인 살림이 시작되었어도 마음은 여전히 불안했다. 어머님께서 호출하시면 언제든지 달려가야 했다. 결국 아주버님과 형님은 헤어지셨고 형님 가정의 빈자리를 내가 메워야 했다.

나는 딸램이 두 돌 무렵에 둘째도 낳았다. 어머니께 가는 횟수가 조금씩 줄어들었지만 어머님의 관심은 내게로 더 기울었다. 나는 어머님께서 원하시는 것은 무엇이든 필요한 것을 사 드렸다. 아들이 18개월 무렵에 나는 남편보다 6개월 먼저 어머님 옆으로 이사를 왔다. 어머님은 아침이면 전화를 하셨고 나는 딸과 아들을 데리고 큰집으로 출근을 하였다. 비슷한 또래의 아이들 넷에게 하루 종일 눈과 귀를 맞추고 밤새 나온 빨래와 청소를 끝내면 밥을 챙겨 먹인 후에야 집으로 돌아왔다.

큰조카는 항생제 알레르기가 있어서 감기약이 맞지 않으면 온몸이 굳어 버렸다. 나는 아들을 업고 조카를 안고 병원 응급실에서 동동거리기도 하고 조카들을 집으로 데리고 와서 혼자 아이 넷과 며칠씩 씨름해야 했다. 남편은 당연히 내가 해야 할 일로 여겼기에 불평 할 수도 없었다. 이런 환경에서 가장 홀대받는 것은 딸이었다. 아이들 넷이 어울려 놀다가 누가 하나 울기라도 하면 딸에게로 원망이 돌아갔다. 집으로 돌아와서도 내 몸이 고단하니 딸과 눈을 마주쳐 주기는커녕 오히려 쌓인 짜증을 딸에게 풀거나, 딸에게 어린 아들을 맡겨두고 집안일을 하다가 졸기도 했다. 딸은 가장 가까이에서 엄마의 보살핌이 필요한 소중한 시간을 잃어버린 것이다.

토요일이 되면 나와 남편은 큰집으로 가는 문제 때문에 다투었다. 그러면 딸은 동생을 데리고 방으로 들어갔다.

"괜찮아 엄마가 조금 있으면 우리를 부를 거야. 큰집에 가자고. 근데 큰집에 가면 절대로 엄마를 찾으면 안 되는 거 알지? 엄마에 대한 얘기도 안 돼. 알았지?" 딸은 그 시절을 회상하며 자신보다 어린 동생에게 말도 안 되는 부탁을 했다고 말했다. 이게 겨우 7살, 5살 아이들의 대화다. 딸램도 어쩔 수 없이 환경으로 인하여 어른이 되어 버린 것이다. 그런데 나는 어린 딸의 상처를 알지도 못했고, 알려고 하지도 않았다.

나는 딸을 이틀의 진통 끝에 낳았다. 열 달 내내 딸일 것 같았는데 정말 딸이어서 너무 좋았다.

'예쁜 이름도 지어 주고 머리도 땋아 주고 예쁜 원피스를 입혀야지~'

나를 잘 아는 친구나 지인들은 내가 딸을 낳았다는 것을 진심으로 축하해 주었다. 딸은 자랄수록 영리하여 주변의 부러움을 샀다.

딸은 유난히 하고 싶은 것, 갖고 싶은 것이 많은 아이였다. 가장 아름다운 20대의 나이를 하나님께 드린다며 몽골에서 3년 가까이 봉사 활동을 했다. 나는 딸이 탄자니아를 비롯한 여러 나라에서 짧지만 꾸준히 봉사하는 모습이 자랑스러웠다. 어느새 어른이 된 든든한 딸은 중국 국제 학교에서 근무하며 사위와 가정을 이루고 살다가, 설 명절에 잠깐 다니러 나온 것이 코로나가 번지는 바람에 덜컥 붙잡히고 말았다. 사위는 이제 한국 사람이 다 되었다. 김치나 국을 나보다 더 좋아한다. 자신의 나라 네덜란드보다 한국이 좋다며 정착할 생각도 하고 있다. 요새는 피난살이 같았던 집에 필요한 물건이 채워져 제법 사람 사는 집이 되었다. 행복한 에너지가 많은 딸과 오랜 시간, 여자와 아내로서 살아온 여인의 삶을 공유할 수 있는 기회가 주어진 것이 감사하다.

요즘은 작은 나라 안에서 남과 북, 동과 서, 여자와 남자로 갈라져 다투는 일이 많다. 그런데 딸 부부는 찐 화성에서 온 남자와 금성에서 온 여자가 만났다. 그러므로 더 다를 수밖에 없다. 그럼에도 서로의 문화를 인정하고 존중하며, 각자가 가진 재능을 연합하여 도란도란 인생을 배워 가는 일상의 모습들이, 엄마의 눈으로 바라볼 땐 그저 고맙고 기특하다.

시대의 무게에 눌려 어린 날의 딸에게 배우고 싶은 것을 배울 수 있도록 도와주지 못한 것이 늘 마음의 빚이었다. 그러나 씩씩하게 자신의 길을 헤쳐 나가고 있는 딸을 보며 오랫동안 미안하고 아팠던 사랑의 빚을 가볍게 털어 내었다. 밸런타인데이라고 금일봉과 마카롱을 살뜰히 챙겨서 내려와 한참이나 나를 행복하게 해 주고 돌아간

빈자리에 남은 여운이 아직도 고소하다.

나는 딸램이 자신이 선택한 삶을 사랑하며 꿈을 향하여 한 걸음씩 나아가는 일상을 기대하고 응원한다. 오늘도 딸이 살아가야 할 인생을 위하여 기도하는 뜨거운 마음이 가장 큰 축복임을 잘 알고 있기에, 옆에 있을 때에 그녀의 인생을 배려하고 삶의 태도를 존중하며 인격적으로 사랑하려 한다.

시간이 흐른 듯하지만

갱년기가 막 시작될 무렵이었다. 평소에 이웃에서 가까이 지내는 언니를 만나 한마디 건넸다.

"나 요즘 갱년긴가 봐." 언니는 아무 일도 아니라는 듯 눈을 흘기고 웃으며 대답했다.

"니가 갱년기면 사람들 다 갱년기겠다."

언니는 아무 일도 아니라는 듯 눈을 흘기고 웃으며 대답했다. 그런데 평소와 달리 그 말이 내 마음 한구석에 비수가 되어 꽂혔다. 이유 없는 서러움에 눈물이 빗물처럼 흘러내렸다. 가장 당황한 사람은 언니였다.

"아니, 난, 니가 항상 웃고 살기에…."

언니의 말이 더 서러워서 어깨까지 들썩이며 울었다.

어제는 종일 약에 취하여 누워 있었다. 잠자리에서 일어나 화장실을 드나들며 깨어 있는 남편에게 몸살이 온 것 같다는 사실을 알리고 도로 누웠다. 남편과 나는 각방을 쓴다. 편의와 삶의 질을 높이기 위해 서로 합의한 부분이었다. 갱년기에 찾아온 불면증 때문에 나는 잠드는 시간이 늦어지고, 깊은 잠에 들기 전까지는 화장실의 출입도 잦아졌다.

수면에 어려움을 겪는 건 남편도 마찬가지였다. 군대에서 익힌 잠이 오랜 습관이 되어 늘 조각조각 끊어진 잠으로 수면의 질이 엉망이다. 거기다 새벽 기도까지 다녀오는 남편은 잠에 대하여 예민할 수밖에 없었다. 40년 가까이 살아온 부부가 서로를 배려하기 위해 자연스럽게 내린 결정이었다.

남편의 핸드폰이 울리는 소리가 들렸다. 남편은 누워 있는 나를 보고 친구가 만나자고 한다는 말 한마디 건네곤 방을 나간다. 나는 현관문 닫히는 소리와 함께 잠에 빠졌다가 일어나니 해가 서산으로 넘어가는 길목인지 창밖이 어둡다. 밖으로 나와 남편의 방을 보니 아직 돌아오지 않았다. 약을 먹기 위하여 끼니를 대충 챙겨서 먹고 서성거리며 소화를 시킨 후에 식탁에 앉아서 블로그에 들어가 슬그머니 마실을 다녀본다. 어느새 현관문이 열리고 남편이 들어오며 검은 봉지를 슬그머니 내민다.

"고추다. 금방 딴 거."

"응."

대답하며 봉지를 보고는 핸드폰으로 눈을 돌렸다.

"이거 **가 줬다."

"응."

나는 또 똑같이 대답했다.

그러자 남편은 부엌 싱크대 위에 가져다 놓고는 방으로 들어갔다가 나오더니 다시 나를 보고 비슷한 말을 했다.

"고추~ 금방 딴 거라서 싱싱하다."

이번엔 봉지 속에서 고추까지 꺼내어 들고 말한다.

나는 남편을 물끄러미 바라봤다.

"여보~ 알아들었다."

입으로는 분명 부드럽게 웅얼거렸는데, 눈에는 언짢음을 가득 담아 훅 내뱉는다.

"고추가 머 그리 중요하노? 거기다 두면 내가 알아서 할 낀데…

당신은 내 상태에는 관심이 없고 늘 당신 하고 싶은 말만 한다.”

‘아픈 아내 두고 나가서 지금 몇 시고? 8시가 다 됐다, 점심때 나가서….’

입 속에 머무는 말을 꿀꺽 참아 보지만, 이미 나의 마음은 총알이 되어 날아가 버렸다. 또 총알을 받은 남편이 던진 수류탄도 내게로 날아와 철퍼덕 안긴다.

“고추가 머라고… 친구가 준 고추가 머 그리 대단하나? 아내보다 더… 그럼… 고추 맛있겠다, 맛있겠네, 고추 넣고 된장이나 끓여줄까? 이래야 되나…” 혼자 중얼거리는 소리가 허공을 맴돈다.

마흔의 고개가 접히고 쉰을 넘어설 때에 남편과 남강 길을 걸으며

“여보~ 나 엄청 여린 여자야. 이제는 부드럽게 좀 대해 주라.”

남편이 놀란 듯이 나를 바라보며 말했다.

“당신이 여리다고? 얼마나 강한데…”

그때 또 한 번 마음을 내려놓았다.

나이 드니 남편에게 바라는 게 더 많아진다. 예전 같으면 지나갈 일도 딴죽을 건다. 살아오면서 수없이 내려놓았고 단념했던 내 몫을 찾고 싶은 욕망이 이글거린다. 최근에는 유난히 더 모든 것이 섭섭하고, 서럽고, 외롭다. 갱년기를 온몸으로 버텨 내는 동안에도 남편에게만은 요구 사항이 많아졌다.

어느 날 나는 남편이 받아들이든, 받아들이지 못하든 내 마음과 몸의 상태를 말하기로 작정했다. 나는 남편이 오직 내 편이길 바라며, 부부는 서로에게 최선을 다해 사랑하고, 아끼고, 배려해야 할 의무가 있다고 생각했다. 말하지 않는 것보다 말하는 게 내게 훨씬 더

유익하다는 생각이 들었다. 이기적이고 싶었다. 나를 지켜주고 싶었다. 그렇게 각자의 방으로 들어가 마음의 문을 닫았다.

예전엔 늘 내가 먼저 다가가 남편의 마음을 위로해 주고 다독여 주었다. 미안하지 않은 일도 미안하다고 사과했다. 그러나 이제는 굳이 그렇게 노력하지 않으려 한다. 살아온 세월의 강이 여전히 흐르고 있고 앞으로의 시간의 강도 흘러갈 것임을 알기 때문이다. 남편이 마음과 방문을 닫는 일이 생길 때면 나도 나의 마음과 방문을 닫았다. 문을 닫고 좋아하는 음악을 들으며 뽀송뽀송 따뜻한 이불 속에 누워서 나쁜 생각들을 내려놓고 마음을 만져 주는 행복함을 누린다.

남편은 유난히 가족에게는 말이 짧다. 그 짧은 말 속의 의미를 젊을 때는 알아듣기도 하고 알아듣는 척하기도 했다. 이제는 그러고 싶지 않는 내 몸과 마음의 반응을 남편도 안다. 남편의 입장에서는 당황스럽겠지만 삶의 태도의 변화에 대하여 함께 받아들여야 함을 조금씩 이해하고 알아 가는 중이다.

오늘은 아침에 남편이 먼저 일어나서 부엌에서 달그락거리며 소리를 낸다. 나는 소리를 들으면서도 약에 취해 잠에서 헤어나지 못하고 또 잠에 빠지고 말았다. 그렇게 꿈에서 마지막 남은 마음의 찌꺼기까지 털어 내고는 12시를 넘기고서야 자리를 털고 일어났다. 방 안에서 내가 서성거리는 움직임을 보고 남편이 들어온다.

"내가 또 그럴 끼지만… 노력하께 내가 마이 모자란다."

오늘은 티 포트에 무와 홍화꽃, 생강, 연근, 올리브를 넣고 끓인 물을 조금 식혔다가 가득히 붓는다. 내가 나를 귀하게 대하여 주고 싶을 때가 있다. 그럴 때는 오래전 만들어 둔 티 매트를 하나 꺼내고, 나를 위해 마시고 싶은 재료로 조제한 차를 마시며 마음의 사치를 부려 본다. 오늘도 그런 날이다. 나를 마음껏 사랑해 주며 존중하고 싶다. 익어 가는 시간이 느린 듯하지만 햇살의 넉넉함을 나는 믿는다. 이제는 수직이 아닌 수평의 관계로 서로가 보듬어 주며 시간을 받아들이는 서로의 마음에 자비가 가득해야만 하는 길을 나와 남편은 가야만 한다. 그러기에 쉬어가는 지혜를 위하여 오늘도 기도한다. 남편도 가벼운 마음으로 외출을 하고 나도 차가 주는 소박한 행복에 취하여 늦은 하루를 만난다.

삶이 아름다운 이유

가만히 있어도 아름다운 것이 있을까? 차갑게 식은 칼바람은 마른 나뭇가지에 억척스레 붙은 나뭇잎들의 몸부림도 못 본 척 외면하며, 사납고 독살스러운 반응으로 마지막 남은 이파리마저 기어이 떨어뜨려 버린다. 나무는 또 벌거벗은 몸뚱어리를 시큰둥하게 지나치는 햇살을 붙잡고 부드럽게 녹여 내는 수고를 불평하지 않아야 한다. 그래야 여린 가지 끝에 물이 오르고 가지의 속살은 고통스러웠던 시간들을 품어 주며 공기보다 더 가벼운 꽃잎을 밀어낸다.

여름에 피는 꽃은 또 어떤가? 이글거리며 타오르는 뙤약볕의 목마름을 위하여 뜨거운 열기에 휘청거리는 가지 속 진액의 한 방울까지도 아낌없이 바쳐야 하며, 퍼붓는 장대비와 휘몰아치는 광풍에 온몸이 꺾이는 수모를 창조주의 섭리로 버티어 내어야만 한다. 그래야 그를 찾아온 이들에게 아름다운 자태에 향기를 더한 행복을 선물한다.

아침부터 하늘이 낮게 내려앉았다. 사람들의 마음은 이미 봄을 만나기 위하여 부산한데 봄을 데리고 올 우주의 움직임은 고요하다. 이럴 때 꼭 탈이 난다. 자연의 순리를 따라가는 인생이 아름다움을 알면서도 거스르고 싶은 인간의 욕망이 탈을 낸다. 이런 날엔 만사를 내려놓고 쉬어도 되는 나이다. 하지 않아도 될 일들을 만들어서 육체와 마음의 불편을 생산하는 실수는 젊은 날들의 열정 속에 묻어 두어도 좋을 때이다. 나는 얼른 머리를 흔들며 머릿속을 사로잡는 생각을 털어 낸다.

10여 년 전에 나는 지금의 터전에 자리를 잡았다. 오래전부터 교회 옆으로 이사를 원했던지라 마침 주어진 기회를 잡았다. 교회가 있는 곳은 구도심이지만 대부분의 나의 삶이 교회에서 이루어졌고, 교회 근처가 생활에 편리한 부분들도 많아서 운전을 못 하는 나에게는 안성맞춤이었다.

가고자 하는 모든 목적지가 걸어서 갈 수 있는 곳이라서 더욱 좋았다. 건물을 지은 후 보수하지 않아 엉망이었지만, 집을 리모델링한 경험이 두어 번 있었기에 덜컥 달려들었다. 건물을 전체적으로 보수하는 일은 녹녹하지 않았다. 남편이 출근을 하고 나면 나는 작업하는 인부들을 상대하여, 재료를 고르고, 뒷정리까지 부지런히 해내 완성했다. 나의 수고가 더해진 집이어서 더 고맙고 감사했다.

친정아버지께서 가신 후, 친정엄마와 함께 행복을 만들며 살아가던 어느 날이었다. 건물 전체의 리모델링이 마무리 되고 긴장이 풀어져 온몸에 생긴 뻐근한 몸살 기운으로 밤을 뒤척인 아침에 양치질을 하는데 입 안에서 피가 쏟아졌다. 이사하기 전 나는 미리 치과에서 모든 치아를 점검한 상태였기에 그저 편안한 마음으로 다시 치과를 찾아갔다. 20년이 넘는 세월을 다닌 단골 치과였다.

"잇몸이 녹아내려서 이를 다 뽑고, 임플란트도 안 되겠…, 틀니를, 틀니밖에…"

믿을 수가 없어서 여러 곳을 돌아 다녀보았지만 한결같은 답이 돌아왔다.

치아만 문제가 있는 것이 아니고 몸을 이루고 있는 뼈들도 반란을 일으켜 전체적인 몸의 균형이 다 깨어졌다고 했다. 그렇다고 뚜렷한 병명이 있는 것은 아니었다. 166센티의 키에 몸무게가 44kg 결혼 전 몸무게보다 더 가벼워져 버렸다.

이제는 정신을 차려야 한다는 신호였다. 나의 육체가 무너지고 있음을 인지하라는 뜻이었다. 조금 더 일찍 알아차렸다면 좋았겠지만 이제라도 몸이 자각하여 말하고 있음을 감사해야 한다. 여전히 육체의 고통을 외면하고 살아간다면 내 삶의 마지막 정거장은 선택의 여지가 없이 요양원일 것이다.

어느 날, 창밖으로 쏟아지는 햇살을 손바닥에 담는다. 햇살의 무게가 무겁다. 어제도 오늘도 나는 습관처럼 침대에서 몸을 일으켜 창문을 열고 손을 내민다. 봄을 따라 창으로 들어온 햇살이 무겁다.

'처음 이곳에 왔을 때가 언제였을까…'

'나지막한 산언덕에 자리 잡은 이곳에 언제부터 사람들은 모였을까?'

'처음 이곳에 왔을 때의 나의 마음은… 궁금하다.'

'매일 똑같은 옷을 입고 매일 표정 없는 얼굴들을 마주하며 시간과 공간의 개념이 사라진 여기에서 나는 얼마나 더 버텨야 할까…'

창으로 보이는 풍경들이 조금씩 바뀌어 가지만 내일에 대한 희망이 없기에 내게는 그날이 그날이고 숲도 햇살도 그리고 바람에 흩날리는 꽃잎도 무겁고 저 멀리 보이는 요양원의 간판도 무겁다.

받아들이고 싶지 않는 것들을 받아들여야만 했던 이유는 내가 좋아하는 것들을 다 포기해야만 한다는 사실이 서럽기 때문이었다. 가족에게 짐이 되는 삶도 싫었지만 이제 겨우 몸과 마음에 찾아 온 평안을 포기하고 싶지 않았다.

내 주위에는 유난히 아픈 사람이 많다. 젊은 날의 사고로 20년 세월을 누워만 계시다가 가신 외삼촌과 아들과 축구를 하고 집으로 돌아와 쓰러져 뇌사 상태로 10년을 누워 있는 지인의 동생도 있다. 친정 엄마도 40대 초반에 자궁을 덜어 내어 평생을 아파하셨고, 시어머니도 살아가는 내내 아프셨다. 지금도 주위를 돌아보면 부모님이 두 분 모두 요양원에서 10년을 넘는 세월을 보내고 계시는 분들이 많다. 예기치 않는 사고로 일상을 포기한 친구도 있다. 나는 가족도 알아보지 못한 채 최소한의 존엄성만 겨우 유지하는 상태로 시공간에 대한 감각도 없이 살고 싶지는 않았다. 타고난 허약한 신체를 위하여 젊어서부터 열심히 나를 지키는 몸놀림을 하고 있던 터라 더욱 충격이 컸다.

이대로 살다가는 병원에서 시간만 죽이며 살 것만 같다는 불안이 엄습해 왔다. 하루를 마감하고 잠자리에 들면 건강하게 지켜 주신 것들을 감사하고 마지막 그날이 가장 아름답기를 소망하며 그날이 슬픔이 아니라 축제가 되기를 날마다 기도하였기에, 이대로 무너지는 것을 스스로 용납할 수 없었다. 어차피 인생은 나의 몫이니 스스로 일으켜 세워야만 했다.

나는 처음부터 다시 시작하기로 했다. 나를 지키기 위하여 지금까지 주먹구구로 해 왔던 모든 것들을 포기했다. 새로운 계획이 필요했기에 내 몸을 대하는 법도 공부를 했다. 몸을 리모델링하기로 마음을 먹고 평생에 처음으로 몸에 값비싼 투자를 결정했다. 비싸지만 발이 편한 운동화와 몸의 면역력을 키워 주는 약도 먹었다. 자세를 교정하는 운동과 재활 치료도 받았다. 물론 이와 잇몸을 위해서도 할 수 있는 노력을 다했고, 손쉽게 구할 수 있는 생활 도구를 구입하여 하루도 빠뜨리지 않았다.

무엇보다 딸내미와 아들에게 보여 주고 싶었다. 삶에서 어떤 상황을 만나게 될지는 아무도 모르는 일이기에 어떤 현장이든지 포기하지만 않는다면 새롭게 시작할 수 있는 기회는 언제든지 우리에게도 기적처럼 찾아올 것임을.

시간이 흘러가는 대로 살아온 엄마 같은 사람에게도, 삶의 무게를 불평 없이 견뎌온 만큼 세월의 열매를 수확하는 결실의 때가 주어졌기에, 인생의 선물을 누리는 것은 순전히 자신의 몫이라고 말해 주고 싶었다.

세상은 흔히 말하는 금수저에게만 기회가 주어지는 것이 아니라, 누구든지 자신에게 주어진 환경을 멀리 바라보는 용기와 도전하는 의지가 있다면, 꿈을 꾼 현장에 반드시 서게 될 것임을 삶으로 보여 주고 싶었다. 지금도 일주일에 4회 6,000보 이상 걷고 아침, 저녁으로 보건 체조와 가벼운 스트레칭을 하고 있다. 물은 1,500cc 이상 마시고, 건강에 도움 되는 멸치, 들깨, 토마토 등을 매일 먹는다.

고난과 실패로 상처받은 경험이 없는 삶에도 간절함이 있을까? 나는 삶에서 주어진 기회를 놓치기도 하고 피와 땀이 섞인 노력이 한순간에 무너져 가슴이 녹아내리는 아픔을 경험했기에 내게 허락된 시간을 절대로 포기할 수가 없었다. 그래서 더 부지런히 사랑하며 살아 내고 싶었다.

건강한 마음으로 미소를 지으며 내일을 기대하는 삶을 살아가고 싶다.

내가 가진 소재들은 가난했으나 삶을 사랑하는 마음이 부요했기에 오늘도 나는 더 단단해지고 더 너그러워지며 더 맛있게 익어 갈 것을 기대한다.

주택 예찬

전기장판에서 밤새도록 익은 몸뚱어리가 호빵을 닮았다. 이불 속에서 꼼지락거리며 아쉬워하는 나를 다독이며 잠자리를 박차고 일어나 팡팡이를 들고 마당으로 나간다.

올 겨울엔 가뭄이 심했다. 날씨도 영하로 내려가는 날이 많아서 물 주는 시기를 놓쳐 화단의 나무들이 바싹 말라비틀어졌다. 그래도 확실히 봄은 봄이다. 봄 햇살의 녹녹함에 기지개를 켜는 소리가 들리고 봄바람의 살랑거림에 얼굴이 달아오르는 나무들을 보노라면 나의 마음도 달큼해진다.

내가 태어난 집은 양철 지붕이었다. 비가 내리는 날의 빗소리는 여러 모양으로 찾아와서 때론 무섭게, 때론 즐겁게 해 주었다. 내가 좋아하는 빗소리는 센 바람이 비를 몰고 오는 소리다. 아주 잠시 들리는 소리지만 지금도 기억 속에 저장이 되어 있는 것을 보면 분명히 재미있는 소리다.

처음엔 후두둑 떨어지는 소리가 둔하게 들리지만 양철 지붕이 빗방울로 덮이면 맑은 소리로 찾아온다. 내 귀엔 실로폰 소리였다. 그 시절에 실로폰을 본 적도 소리를 들은 적도 없지만, 결혼하여 딸램을 낳고, 딸램의 유치원 시절에 사준 실로폰 소리가 내게는 양철 지붕의 빗소리로 들렸다. 아마도 나의 마음속에 즐겁고 기분 좋은 소리로 고여 있다가 나를 만나러 와 준 것은 아닐까? 지금 집으로 이사하면서 베란다를 달아내고, 창고와 세탁실을 넣었다. 천장을 유리로 덮은 이유도 양철지붕에 내리는 빗소리를 듣고 싶어서였다.

유년 시절을 보낸 나의 집은 동네에서 가장 높은 곳에 자리 잡고 있었다. 나의 기억에는 마당도 학교 운동장처럼 넓었다. 한쪽으로는 쇠마구간과 할아버지 사랑채가 있었고 헛간도 있었다. 마당에는 앵두나무와 큰 감나무들이 있었고 마당 끝에 있는 돌계단을 오르면 그네가 달린 단감나무가 있어서 친구들이 부러워했다. 그 시절엔 단감나무가 귀했다.

도시로 이사를 와서는 곧 새집을 지었다. 집도 컸고 마당도 넓었다. 엄마가 꽃을 좋아하여 철마다 여러 종류의 꽃들이 가득했다. 50년이 지난 지금도 요즘 지은 집들과 비교해도 어색하지 않을 만큼 튼튼하여 오빠네 부부가 아직도 살고 있다. 그들과 함께 꽃들도 여전히 피고 진다. 자주 가지는 않지만 어쩌다 한 번씩 들여다보면 나의 시간이 투명하게 묻어 있는 모습들이 남아 있어서 반갑기도 하고 어색하기도 하다.

이러저러한 이유로 아파트는 답답하다. 주택은 손이 많이 가고, 편의성이 부족하다. 이 집을 구입하여 리모델링을 하겠다고 하니 친구들이 나를 말리기도 했다. 신도시는 아니라도 돈에 맞추어 살 만한 아파트가 있고, 남은 돈으로 여유를 부리면 될 터인데, 굳이 낡은 건물을 구입하여 고생을 사서 한다는 것이었다. 물론 맞는 말이다. 그럼에도 나는 주택을 선택했다.

인생은 그런 건가 보다. 자신이 그리워하는 삶에 아쉬움의 시간을 더하여 조금씩 발전시키며 살아가는 그런 것. 모태에서의 유전보다 더 지독한 것이 그리움인 걸 지금에서야 알았다. 어린 날의 현장들은 이미 지워진 그림자임에도…

그것이 어떤 것이라 할지라도 내 것으로 누려 보고 싶은. 감정, 물건, 시간도 마찬가지이리라.

봄이다. 마당에 내려서니 나무들이 아우성이다. 이제는 배고픔을 이기지 못하겠다며 먹어야 할 때라고 야단법석이다. 겨우내 묶어 두었던 고무호스를 풀어 샤워 기능에 맞추고 시원스레 물을 뿌려 준다. 마른 가지마다 물방울이 맺힌 모습에 실을 꿰면 수정 목걸이가 될 것 같다. 물먹은 가지들이 통통하게 살이 차는 듯하다. 주택의 맛은 이런 것이다. 언제든지 호스를 들고 유리창에 물을 뿌리고 찾아오는 계절을 향하여 마음껏 소리를 내고 안아 주는 그런 곳이다. 몇 안 되는 꽃나무가 키를 뽐내기도 하고 키 작은 여린 풀꽃들을 그늘로 품어 주는 자연의 조화도 배우며 누리는.

아젤리아와 흰 철쭉의 꽃망울은 탄력이 더해졌고 수국도 마디마다 잎이 봉긋봉긋 꽃망울처럼 예쁘다. 어린 이파리로 뿌리 내린 홍단풍도 해마다 내 키를 넘게 자라 가지를 잘라야 한다. 하늘 높은 것을 아는 모양이다. 이들이 열 살, 스무 살, 서른 살. 나이를 들어가는 시간을 온전히 내 것으로 즐기며 살아가는 행복을 이 작은 마당에서 누리고 있다. 어린 날 맡았던 흙 내음과 꽃향기를 포기하고 싶지 않기에 불편을 감수하고서도 나는 주택을 고집하나 보다.

하늘이 말갛다. 양손 가득히 하늘을 담아 본다. 마당에 봄이 가득하다.

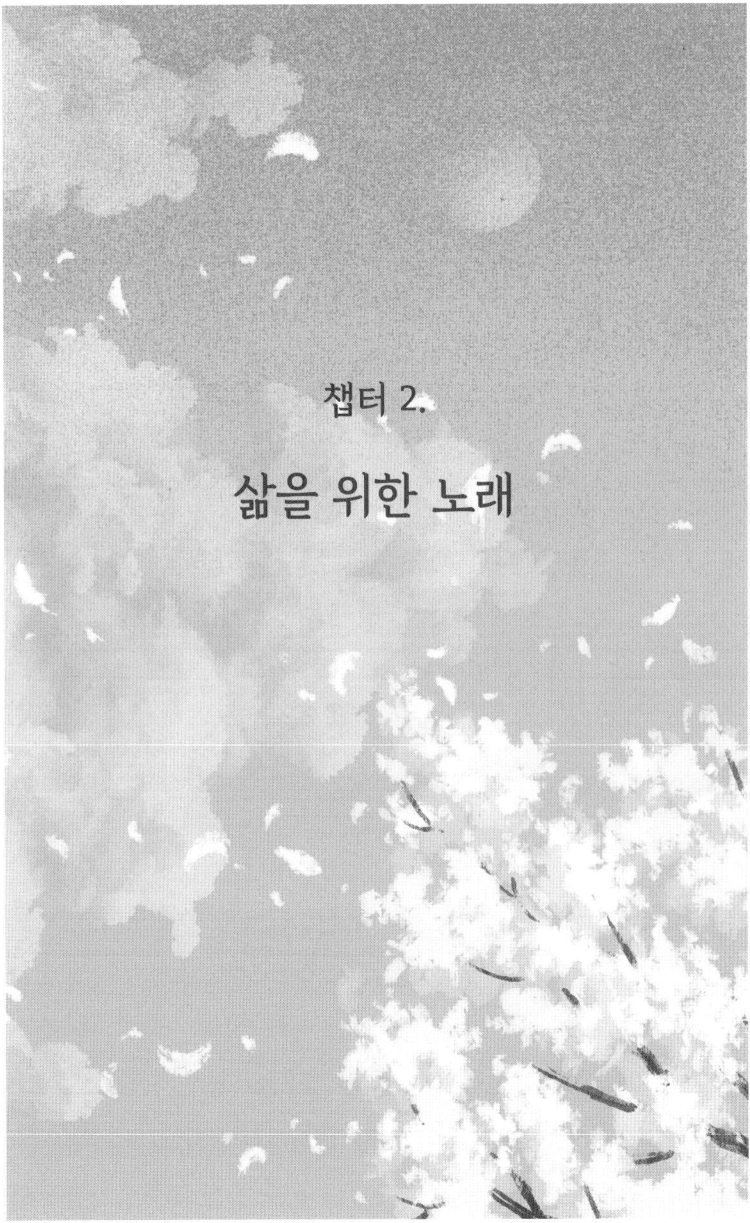

챕터 2.

삶을 위한 노래

추억을 먹다

엄마의 찬은 늘 가지런했다. 한 접시에 두 가지 음식을 담지 않았다. 아버지가 돌아가시기 전까지 엄마는 그 원칙을 지키셨다. 노년에는 한 상을 차려 내는 것을 힘들어하셨다. 반찬 수를 줄이고 탕이나 볶음 요리를 비롯한 간단히 먹을 수 있는 일품요리를 권하여 보았지만 엄마는 남편을 향한 마음을 멈추지 않으셨다.

나는 엄마에게서 밥을 짓는 법이나 반찬을 만드는 과정을 배운 적이 없다. 엄마 앞에서 음식을 만들어 본 적도 없다. 결혼하고서 부엌의 주인이 되고 보니 자라며 먹어 본 입맛과 어깨 너머로 본 엄마의 손맛을 흉내 내고 있었다. 집을 방문하여 음식을 먹어 본 지인들은 한결같이 나의 집밥에 대해 '담백하다.'고 칭찬한다. 재료들이 섞이지 않고 하나하나 본연의 맛을 가지고 있어서 먹고 나면 개운하다는 것이다.

오늘 딸램과 함께 외식을 했다. 집밥이 떠오를 때, 귀한 손님을 대접하고 싶을 때 꼭 데려가는 맛집이다. 네덜란드 사위 파 서방도 맛을 보고는 엄지 척! 하며 나와 남편의 생일에 이곳에서 밥을 대접해 주었다.

간판도 소담하다. 눈여겨보지 않으면 건물 모퉁이에 새겨진 '붓반'이라는 이름의 식당이 있는지도 모를 일이다. 나는 소박함에서 느껴지는 주인님의 마음도 좋다. 화려한 간판으로 유혹하는 음식이 아니라는 뜻이 느껴진다. 맛으로 평가를 받고 싶다는 정성이 내게도 보여서 좋다.

미리 예약을 한지라 햇살이 따뜻한 창가로 안내를 받았다. 자리에 앉으면 곧 따뜻한 차가 나오고, 이어서 호박죽과 샐러드, 계절을 알리는 전이 함께 나온다. 먼저 호박죽을 숟가락에 반만 채워 입 안에 넣고 천천히 음미하며 일부러 만든 느긋한 여유를 즐긴다. 혓바닥에 스며드는 호박의 본연의 달큼함이 다음으로 먹어 볼 샐러드를 기대하게 만들기 때문이다. 샐러드 위에 다소곳이 자리 잡은 소스는 잇몸이 좋지 않아 차고 새콤한 음식을 꺼리는 내게도 손이 가는 맛이다. 입 안에서 퍼지는 유자 향의 유혹을 뿌리칠 수가 없다.

호박죽과 샐러드, 계절의 전을 먹고 나면 한 상이 차려진다. 븟반은 부엌이라는 '븟'과 밥이라는 '반'이 합쳐진 '부엌 밥'이라는 뜻이 담겨 있다고 한다. 주인님의 설명처럼 말 그대로 엄마가 해 주는 집밥이다. 계절에 따라서 찬의 종류가 바뀌기도 하고, 엄마의 손맛을 닮아 단순하지만 깔끔한 맛이 그리워서 음식하기 버겁거나 위로받고 싶은 마음이 출렁일 때, 나는 이곳을 찾는다.

오늘은 딸과 함께 해서 더 맛있게 먹었다. 솥밥을 먹을 만큼 밥그릇에 푸고, 국도 가득히 담아 후루룩~ 쩝쩝 소리를 내며 찬들과 함께 먹고 나니 숭늉의 고소함이 코를 찌른다.

우리는 누룽지까지 남김없이 긁어서 남은 배를 채웠다. 말미에 나오는 매실차도 달게 마시고 일어섰다. 오랜만에 엄마의 손맛을 어깨너머로 배운 딸이 엄마의 손맛을 닮은 식당에서 딸과 함께 고운 시간을 가지는 것으로, 나는 엄마와의 추억을 먹었고 딸에게는 먼 훗날 그리움 하나를 선물해 주었다.

생활 도우미

밤새도록 시린 바람에 온몸을 맡긴 유리창이 햇살의 다정함에 손인사를 건네고 서로 안아 주며 온기를 교환할 즈음, 나도 잠에서 빠져나오려고 이불 속에서 꿈틀거린다. 침대 매트리스에 깔려 있는 전기장판의 따스한 온기에 취하여 꿀잠을 누리다가 그 사랑을 박차고

나와야 하는 아침이 버겁다.

한여름에도 전기장판을 달군 후에야 자리에 눕는다. 뙤약볕에 온몸을 드러내고 땀으로 샤워하는 것을 은근히 즐긴다. 이런 내가 오븐 안에 들어 있는 치즈처럼 노곤해진 몸을 썰렁한 방 안 공기에 노출시키는 아침이 그리 반갑지 않기에 최대한 버틴다.

따뜻한 전기장판과 한 몸이 되어 밤을 보낸 후, 어김없이 찾아오는 아침에게 본능적으로 느껴지는 감정을 그대로 쏟아 내면서도, 이불 밖으로 손을 내밀어 이리저리 바닥을 훑어 내린다. 따끈한 전기장판의 열기로 촉촉해진 손바닥에 기분 좋은 시원함이 전달되면 두 손을 허우적거려 팡팡이를 찾는다. 팡팡이 손잡이에 있는 지압봉으로 손바닥을 지그시 눌러 주는 시원함을 즐긴 후, 두 손으로 팡팡이의 머리와 꼬리를 잡고 두 팔을 들어 앞으로 나란히 자세로 온몸을 흔든다. 그런 후에 발을 사용하여 이불을 한쪽으로 밀어내고 두 다리를 올려 팔과 함께 흔들며 고소하게 익은 몸을 냉랭한 아침의 제단에 바친다. 한참을 뒹굴며 팡팡이와 교감을 하고서 하루를 시작하기 위하여 거실로 나온다. 여전히 손에 든 팡팡이로 어깨부터 등, 허벅지, 종아리, 발바닥 순으로 온몸을 두드려 준 후에 머리를 부드럽게 톡톡톡 만져 주면 잠에 취하여 있던 몸이 깨어나는 시원함을 느끼며 기분 좋은 하루를 맞이하게 된다.

그렇게 시작된 하루는 바쁘다. 남편과 나는 각자의 식성대로 아점을 챙겨 먹고 각자의 하루에 몰입한다. 따뜻한 차와 약간의 과일과

빵이나 떡 한 조각을 챙겨 핸드폰 버튼을 누르며 식탁 겸 책상에 앉는 것으로 나는 나의 하루를 만나고 내게 허락된 시간을 부지런히 즐기며 살아간다.

아이 둘을 허리를 틀며 낳아서, 기르고, 살아오는 삶의 여정에서 허리의 건강을 놓쳐 버렸다. 블로그를 시작하며 앉아 있는 시간이 길어졌다. 30분 이상 한 자세로 있지 말라는 의사 선생님의 경고는 귓등에서 사라져 버리고, 잠에 취하듯 스르르 블로그 속으로 빠져든다. 껌딱지처럼 붙어서 나와 눈이 마주치기를 기다리고 있는 팡팡이를 잊어버리고 있다가, 허리가 신호를 보내면 그제야 팡팡이를 들고 자리에서 벌떡 일어나 손바닥만 한 마당으로 나간다.

굳어진 몸 여기저기를 팡팡이에게 맡기고는 계절이 주는 실바람과 산들바람 또 한여름 뙤약볕에 묻어오는 습하고 후끈한 바람을 그대로 받으며 조각난 하늘을 쳐다본다. 길가는 사람들의 일상을 훔쳐보기도 하며 몸이 풀릴 때까지 마당에서 맴을 돈다. 군데군데 이빨 빠진 팡팡이가 집 안 곳곳에 놓여 있다. 갱년기를 지나오며 사용한 팡팡이는 20개가 넘을 것이다. 어느 날 그들의 머리가 달아나고 몸뚱이가 빠지면 그들의 역할이 끝나고 분리수거함으로 돌아가 다음의 임무를 기약한다. 지금의 내 삶에서 팡팡이만 한 도구는 없다.

나도 누군가에게 팡팡이 같은 도움을 주고 싶은 사람이 되고 싶기에, 내게는 고맙고 유익한 반려 용품, 즉 생활 도우미다. 20여 분

팡팡이에게 몸을 맡기고 놀다 보면 말랑말랑한 근육과 어느새 가벼워진 몸을 만나고 아무 일 없었던 듯 다시 주어진 하루에 몰입한다. 세월의 무게가 소소한 생활 도구 덕분에 조금은 가벼워진다. 한 치의 오차도 없이 찾아오는 정직한 시간 속에서 낯설어지는 나의 육체를 마주하고 받아들이는 나의 태도도 조금씩 더 부드러워질 것이다.

익어 가는 일상에서 도움이 되는 생활 도구를 만난 것도 축복이다.

삶이 좋다

햇빛이 너무 좋아
혼자 왔다 혼자
돌아갑니다

『그리움』 - 나태주

'그리움'이란 나태주님의 시다. 인생은 혼자 왔다가 혼자 가는… 나는 지금 나태주님의 시처럼 혼자여서 좋다. 하루 종일 나만 바라보고, 나를 위하여 시간을 내며, 내 속에 있는 삶의 잔상들을 다듬어 정리하는 시간들이 좋다.

아이들의 삶의 독립을 인격적으로 지지하고 저들의 삶에 대한 권한을 인정하며 예의를 지킬 수 있는 마음의 여유가 내게 있어서 좋다. 육체적인 고단함도 마음의 외로움도 내 것이어서 좋다. 나의 눈으로, 나의 귀로, 나의 입으로, 나를 말할 수 있는 것이 좋다. 내 몸에 대한 사용 설명서도 내가 만들고, 나의 마음에 대한 권리도 내 것이며, 내게 필요한 환경도 내가 만든다. 인생살이가 단순해졌다. 할 수 있는 만큼 하면 되고 마음의 크기만큼 하면 되며 몸이 허락하지 않으면 내려놓고 그도 저도 아니면 멍때리기.

나의 우주가 열렸다. 사랑의 눈으로 연민의 눈으로 질투와 미움을 이글거리는 눈으로 째려보아도 아무 탈이 없다. 내가 어느 별에서 헤매고 있든지 내가 하고 싶은 일이나 내가 해야 할 일을 무심히 놓쳐도 상관이 없다.

모두가 나만 보는 것 같았다.

내가 무너지면 다 무너질 것 같아서 바람을 채워서 어디론가 날려 보내고 싶었던 마음을 붙들고 나를 보채는 두려움에 날마다 떨었다. 살랑거리며 흩날리는 꽃잎보다 더 여린 감성에 기대어 강하고 단단해져야만 했던 시간들이 멈추어 섰다. 절대로 사라지면 안 될 것 같았던 시간과 공간도 사라져 버렸다.

참으로 먼 길을 걸었다. 무조건 걸어야 했고 잠시라도 쉬거나 멈추면 안 될 것 같았다. 스스로 선택한 정해진 삶이었고 거부할 수 없는 구전은 운명과 닮아서 온몸으로 품어야 했다. 나는 인생의 봄을 만났다. 노을을 보며 가야 하는 나이에 마른 가지를 뚫고 나온 보드라운 이파리 같은 삶의 시간을 마주하고 섰다. 하늘도 햇살도 바람도 사랑도 꿈도 다 내 것이 되었다. '좋은 아침! 좋은 하루! 좋은 시간!'이 익어 가고 있다. 버거운 삶이 마음의 크기와 같아졌다.

눈이 보인다
귀가 즐겁다
몸이 움직인다
기분은 괜찮다
고맙다
인생은 아름답다

동화작가인 쥘 르나르의 기도문이다. 나는 이제 익어 가는 삶의 눈을 위하여 귀를 열고 몸을 움직여 살아 있음을 감사한다. 여기에 주위를 둘러보는 넉넉함을 더하여 아름다운 인생, 익어 가는 삶이 주는 맛있는 행복을 도란도란 이야기하고 싶다.

긴 것은 싫어

나는 확실히 이성적이기보단 감성적인 사람이다. 그중에서도 굳이 따지자면 눈으로 보는 시각이 잘 발달되어 예민하다. 무엇이든지 두어 번만 훑어보면 고유의 성질을 대충 이해한다. 의식주에 필요한 물건을 사는 데도 그리 많은 시간을 요하지 않는다. 한 번도 사 보지 않는 재료를 고를 때에도 시각이 실력을 발휘하기도 하고, 냉장고 속에 넣어 둔 반찬들을 눈으로 보며 상태를 알아채기도 한다.

삶에서 선택을 해야 할 때에 그리 고민하는 편이 아니다. 친한 지인들이 뭔가 선택할 일이 생기면 도움을 요청하기도 하여 자주 소환을 당했다. 오랜 세월 동안 훈련된 것일 수도 있으나 아무튼 나는 가게에서 좋아하는 손님이다. 제품을 사와서 교환해 본 적이 별로 없다. 이러한 감각들이 눈치로 연결되고 누군가와 함께하게 되는 시간이 주어지면 상대의 마음을 보는 온도가 조금 더 따뜻해지는 이유가 되기도 한다. 물론 지금은 익어 가는 나이라서 이런 감각도 조금은 느슨해졌다.

코로나 전 일이다. 추석 명절에 아들 가족이 귀성하는 것보다 우리 부부가 올라가는 것이 편할 것 같아 복잡한 때를 피하여 추석 전에 미리 다녀오기로 했다. 체력이 떨어지다 보니 여행도 두려워져 한두 시간 길 아니면 되도록 피하며 살고 있는 터라, 아들 집에 가고 오는 길도 내게는 먼 여행길이다.

일주일 전부터 미리 체력을 조절하며 아이들과 재미있는 시간을 보내려고 마음 근육을 키워서 출발했다. 아직은 추석 연휴가 아니라서 고속도로도 한가롭다. 퇴근 시간과 부딪치지 않으려면 수원 톨게이트에 늦어도 4시 30분까지는 통과해야 한다. 따라서 휴게소에 머무는 시간도 짧다. 다행히 예정된 시간 안에 도착하여 좋은 컨디션을 유지하며 도착했다.

우리를 기다리고 있던 손자, 손녀와 반갑게 인사를 나누고 소파에 앉으려는데, 뭔가 길게 누워 있는 모양새만 보고 나는 표정이 경직되어 버렸다. 손자, 손녀가 놀랄까 봐 최대한 목소리를 낮추며 며늘에게 치워 달라고 청했다. 며늘은 내가 무엇을 말하는지 알아듣지 못하고 눈치를 보며 재차 물었다.

"어머니 뭘 말씀하시는지…"

"저거 뱀…"

"어머니 저거 천으로…"

"그래도 싫어."

며늘은 치우면서 나를 보며 빙그레 웃는다.

"어머니 천으로 된 건데도 싫으세요? 주안이가 좋아하는 건데… 직접 골랐어요."

"미안, 내 눈에 안 보이는 곳에 치워 주."

손자의 최애 장난감이라도 싫다. 어쩔 수가 없다. 평소와 다른 나를 보고 또 한 번 빙긋 웃는다. 아마도 한 지붕 아래에 함께 살 때 있었던 장면이 생각난 모양이다. 손자가 좋아하는 낱말 카드에 뱀 그림과 글자가 있었다. 그때에도 며늘에게 그 카드를 버리면 안 되는지 의견을 물었다.

아들이 초등학교에 입학하고서 집으로 돌아올 때면 늘 손에 무엇인가가 들려 있었다. 햄스터, 병아리, 매미… 어느 날은 집으로 돌아오더니 거실 창문에 무엇인가를 힘껏 집어던졌다. 나는 바로 소리를 지르고 아들을 노려보았다. 끈적끈적한 무엇이 척 달라붙더니 스르르 타고 내려온다. 내 눈에는 꼭 살아 있는 것 같은 뱀이었다. 혀를 날름거리며 스르르 내려오는 폼새가 나를 향하는 것만 같았다.

설상가상 남편은 학생들을 인솔하여 수학여행을 다녀온 가방에서 뱀을 꺼내어 흔들흔들 흔들며 내 앞에다 던진다. 나는 속으로 "앗~~ 이런 말미잘, 해삼, 멍게!" (이것은 요즘 언어로 순화된 표현이다) 등에서는 땀이 흘러내리고 순간적으로 당황한 마음은 그 어떤 언어로도 표현이 안 된다.

나는 긴 것을 싫어한다. 긴 것에 당한 특별한 기억이 없는데 왜 그렇게 싫은지 나도 모른다. 아무튼 싫다. 그냥 싫다. 송충이부터 지렁이, 지네… 등등 그림이나 사진이나 천으로 된 모형이든 무엇이든지 무조건 싫다. 아들과 손자가 원한다 할지라도 마음을 내는 것이 어려울 듯하다. 이 부분에서는 이해도 양보도 용납도 안 된다. 이런 나의 모습에 실망을 하거나 어른답지 못하다 하여도 어쩔 수가 없다.

꽃을 좋아하니 어린 시절부터 화단이나 화분을 가꾸고 즐기는 것이 일상임에도 지렁이와 친해지기 쉽지 않다. 분갈이나 옮겨 심기를 할 때에 지렁이를 만나면 일단은 십 리 밖으로 도망을 갔다가, 마음을 진정한 후에 돌아와서 그 부분의 흙을 다 파내어 버린다.

나의 이런 감각은 다른 사람들보다 눈으로 느끼는 예민한 무엇이 더 있는 것 같다.

TV로 보는 장면들도 내게는 현장처럼 전달된다. 요즘 인기 있는 '금쪽같은 내 새끼'를 보는 날엔 늘 눈물이 난다. 그들의 아픔과 상처가 내 것이 된 것처럼 서럽게 운다. 그래서 폭력적인 드라마나 영화와 뉴스도 멀리하려 애쓴다.

한밤중에 딸램과 파 서방이 함께 이불을 말아 들고 현관문을 열고 들어서며 씩씩거린다.

"엄마 지네가, 지네가, 이불 속에…"

"뭐? 지네? 지네…"

2주 전 쯤에 딸이 내려오더니 욕실에서 큰 지네를 보았는데 잡으려다가 놓쳤다고 했다. 딸이 사는 곳은 5층인데 왜? 지네가… 하면서 지네 퇴치기를 구입하여 여기저기 두라고 말했다.

그동안 지네가 보이지 않아 죽었든지, 집밖으로 나갔다고 생각하며 안심했었단다. 그런데 이불을 펴고 자려고 누웠는데, 파 서방이 이상한 느낌이 들어 일어나 보니 종아리에서 지네가 떨어져 이불 속으로 들어가기에 발로 밟아서 죽이고 이불로 싸서 내려왔다는 것이다.

어떻게 5층까지 지네가 올라간 건지 의문이었지만 잡혔으니 그걸로 사건은 일단락되었다. 내 평생에 집 안에서 지네를 본 적이 없었기에.

며칠 후.

불면증 와서 새벽 3시쯤 잠이 들었다.

막 단잠에 빠져들 즈음에 발뒤꿈치가 뜬금없이 따끔했다. 순간적인 반사로 일어나서 불을 켜고 이불을 드니 지네가… 맙소사!! 내 생전에 그렇게 큰 지네는 처음 보았다. 남편을 깨우지 않고 잡아 보려고 휴지를 뭉쳐서 던졌더니 매트리스 밑으로 떨어져 버렸다.

"여보, 지네, 지네…"

아직은 새벽이라 남편이 놀랄까 봐 속삭이듯이 말했지만, 나는 남편의 온몸을 두 손으로 흔들어 깨웠다. 불을 켜고 남편의 침대로 올라가며 말했다.

"메트리스 밑으로 지네가 들어갔다."

남편이 눈을 비비며 일어나 내 방으로 가서 지네를 잡고 사체를 처리하는 동안에도 온몸이 굳어서 꼼짝을 할 수가 없었다.

그날의 일을 굳이 기억하지 않으려 하지만 요즘도 나도 모르게 이불을 한 번씩 들추어 보곤 등골이 오싹해짐을 느낀다. 예민한 눈으로 지네의 실체를 직접 대면했으니 아마도 오래오래 나의 뇌 속에서 꿈틀거릴 것이다. 이 글을 쓰는 동안에도 긴 것인 지네가 싫어서 온몸을 진저리 치며 버둥거린다.

우물에 빠진 날

창으로 들어오는 보드라운 햇살에 감사하며 잠자리에서 일어나 꿀잠을 선물해 준 이부자리를 정리했다. 일상의 옷으로 갈아입는 의식(장갑과 방한 조끼, 목에 두르는 찜질팩까지)을 치른 후 중문과 베란다를 통하여 마당으로 나간다. 한 뼘 되는 마당이다. 하늘에게 먼저 인사를 건네며 안부를 묻는다.

'어제는 하루 종일 심드렁하더니 오늘은 기분이 좀 나아졌네, 그래도 비가 오면 좋겠다. 올겨울엔 비가 귀하네.'

중얼거리는 소리를 들은 바람이 반가운 봄기운과 함께 와서 볼을 비빈다. 아침이다. 나는 아침이 좋다. 젊은 날과 비교하면 많이 늦어진 아침이지만 하루가 시작되는 이 시간을 나는 사랑한다.

조그마한 화단을 구석구석 살펴보고 밤새 날아든 쓰레기와 떨어진 마른 잎들을 비로 쓸어 주고는 두 팔을 벌려 심호흡을 하며 오늘도 내게 허락된 하루가 안전하고 평온하기를 기도한다. 머릿속 한편에서 문득문득 나를 사로잡는 두려움에 묻어 있는 공포가 젊은 날 일상의 평안을 깨기도 하고 삶의 균형을 흔들기도 하였다. 정확한 기억은 없으나 안개처럼 흐릿한 기억을 붙잡고 일상의 틈새를 비집고 올라오는 공포를 따라가 본다.

도시로 이사 오기 전의 어린 날이었으니 8~9세쯤 되었던 여름날이었나 보다. 마실 가는 엄마를 따라 뒷집으로 놀러 갔다. 내 또래의 친구가 몇 모였으니 가만히 있을 리가 없다. 우리는 숨바꼭질 놀이를 위해 가위, 바위, 보로 술래를 정했다.

술래는 기둥에 몸을 기대어 눈을 감고 서서 숫자를 100까지 큰 소리로 헤아린 후에 "간다."를 외쳐야 했다. 100이란 숫자가 끝나기 전에 숨어야 했기에 우리는 저마다 숨을 곳을 찾아 여기저기로 뛰었다. 나도 열심히 달려서 안전한 곳을 발견하고는 숨으려는데 갑자기 목이 말랐다. 마당을 지나 텃밭으로 달렸기에 감나무 뒤에 숨기만 하면 되었다. 친구들은 안전지대를 찾아 숨었고 술래가 세고 있는 숫자는 100을 향하여 가고 있었다.

내 생각에는 우물가로 가서 물 한 모금 마시고 숨어도 충분할 것 같았다. 내가 살던 집에서도 조금만 걸어가면 우물이 있었다. 여름이면 엄마들의 수다와 동네 아재들의 등물의 즐거움이 우물가에서 시작되었기에 우물은 내게도 신나는 놀이터였다. 친구네 마당 끝에 자리 잡은 우물도 눈에 익은 곳이었다.

나는 숨을 토하여 내며 두레박을 들었다. 집 앞에 있는 두레박보다 무겁고 컸다. 두 손으로 두레박을 들고 나는 있는 힘을 다하여 던졌다. 그 순간 나의 몸도 두레박을 따라 우물 안으로 떨어졌고 곧 다시 몸은 위로 솟구쳐 올랐다. 크고 작은 돌멩이로 만들어진 우물이었기에 솟구쳐 오르면서 나는 고드름처럼 튀어나온 돌멩이를 붙잡았다. 우물이 그리 넓지 않았고 본능적으로 붙잡은 돌멩이에 의지하여 우물 안에서 얼마나 있었는지는 모른다.

무서움에 울었고, 지나가던 소나기를 공포에 떨면서 만났고, 친구와 엄마를 목 놓아 불렀다. 내게는 억겁(?)의 시간이 흘렀고, 친구의 엄마가 찬거리를 들고 우물가에 나와 두레박을 찾다가 우물 속을 들여다보셨다. 내 이름을 부르며 다급하게 움직이는 소리가 들렸고 두꺼운 새끼줄이 우물 속으로 떨어졌다. 그 후로 우물에 빠진 사건은 내게 잊혀졌다. 아마도 혼날까 봐서 엄마에게도 말하지 않았을 테다. 살면서 엄마에게서 내가 빠진 우물 얘기를 들은 적이 한 번도 없었다.

그런데 내게서 이상한 행동이 발견되었다. 혼자서 자는 날이면 방문을 닫지 못하고, 볼일을 보는 동안에도 화장실 문을 두어 뼘 열어 두어야 하며, 신혼여행을 가는 비행기 안에서도 가슴이 두근거리며 호흡 곤란으로 남편을 당황하게 만들었다.

언젠가 아이들의 방학 때 동해안 해안 도로를 타고 달리며 해수욕장과 석회암 동굴인 울진 성류굴을 비롯한 좋은 곳들을 두루 보고자 길을 나섰다. 계획을 짜고 여행을 준비하여 목적지를 향하여 바다를 보고 달릴 때는 아무 생각이 없었다. 차 안에서도 신나게 즐기며 성류굴 입구에 도착하자마자 동굴 앞에 선 몸이 얼어붙어서 움직이질 않았다. 심호흡을 하고 마음을 다잡아 보았지만 속수무책이었다.

결국 남편과 아이들만 들여보내고 나는 밖에서 기다려야 했다. 지금도 가끔 남편과 차를 타고 외출을 하다가 짧은 볼일을 본다고 차 안에서 잠깐만 기다리라고 할 때가 있다. 아무런 생각 없이 기다리겠다고 말했음에도 남편이 차 문을 닫는 동시에 갑갑함이 훅 치밀어 올라와 차에서 내리기도 한다. 어린 날에 당한 참사라 또렷하게 기억하진 못하지만 머리가 기억을 저장해 두었다가 경험했던 공포와 닮은 상황이 펼쳐지면 몸이 거부하는 것이라 여겨진다.

이제는 신앙과 나이의 여유로 많은 부분이 치유가 되어져 피하는 방법을 알기에 장거리 여행을 떠나는 날엔 미리 약도 챙기고, 2~3주 전부터 마음 근육을 키워서 집을 나선다. 그러나 아직도 방문을 완전히 닫지는 못한다. 방문을 열어 두고 자는데도 어둠 속의 몸은 나의 공포를 기억한다.

아침에 일어나면 아무리 추운 날이라도 마당으로 나가야 한다. 하늘을 보고 햇살을 온몸으로 받아 내며 시린 바람과 볼을 비벼야 한다.

그래서 나는 사계절 중에서 여름을 가장 좋아한다. 여름에 온몸을 맡기며 뜨거운 볕바라기를 즐기는 것이 좋다. 우물 속에 빠진 공포가 살아서 숨 쉬는 여름을 굳이 좋아할 이유가 없음에도 한여름 뙤약볕에 전신을 드러내고 쏟아지는 땀방울의 시원함을 즐기는 이유가 무엇인지 나도 알고 싶다.

스물다섯 아젤리아

신록의 계절, 5월은 가정의 달이다. 아이나 어른이나 즐겁기도 고단하기도 하지만 푸르름이 가장 아름다운 달이기에 마음의 들뜸도 최고다. 지천에 꽃이 만개하고 꽃을 만나기 위한 발걸음도 분주한 날들이다.

초인종 소리가 급했다. 아이들이 하교할 시간이라 대기를 하고 있었던 터라 서둘러 대문을 열었다. 딸램은 얼마나 바쁜 걸음으로 뛰듯이 걸어왔는지 볼이 발갛게 상기된 얼굴로 검은 봉지를 쑥 내민다.

"뭔데?"

"어버이날 선물."

무거울 것 같아 얼른 받아서 마당으로 들어와 봉지를 열어 보니 카네이션을 닮은 꽃이 두어 송이가 달려 있는 나무였다.

"와~~ 꽃이 예쁘네, 어디서 샀노? 무거운 걸 어떻게 들고 왔노?"

딸램은 기뻐하는 내 얼굴을 바라보며

"엄마가 꽃을 좋아하잖아, 꽃집 아저씨가 이거는 나무라서 오래오래 산다고…"

말하는 목소리가 양철 지붕의 빗방울처럼 통통 튄다.

"그래~ 고마워~ 오래오래 키울게~ 들어가자."

휘파람 같은 바람에도 흔들릴 것 같은 여린 가지에 딸램의 주먹만 한 꽃이 달려 있는 모습이 측은하기도 하고 대견하기도 하여, 바로 집에 있는 빈 화분에 옮겨 심고는 볕바른 곳에 자리를 마련해 주었다. 그 이후 봄이면 지금까지 한 번도 거르지 않고 풍성하고도 화려한 꽃동산을 만들어 준다.

언뜻 생각해 보면 우리나라에서 제일 흔한 꽃이 영산홍이 아닐까? 철쭉과 같이 진달랫과에 속한 상록 관목이라서 사계절 어디를 가도 만날 수 있고 도심에서도 쉽게 볼 수가 있다. 내가 살고 있는 도심에도 가로수가 영산홍인 곳도 있고, 공원에 가 보면 수십 년은 되었을 것 같은 자동차만 한 영산홍도 많다. 사실은 영산홍이란 꽃나무의 이름만 가지고는 그리 흥분할 일은 아니었다. 딸램이 사 온 영산홍은 그 모양과 색이 화려하여 함부로 대할 수 없는 기품이 있었고 주위에서 쉽게 볼 수 있는 때깔이 아니었으며 어버이날의 특별한 선물이기도 했으니 첫눈에 반해 버렸을 것이다.

나도 화란 철쭉인 아젤리아로 불린다는 사실을 안 것은 6~7년 전이다. 집으로 찾아오는 손님들이 꽃을 보고는 이름을 묻곤 했다. 그때마다 영산홍이라고 대답을 하면 한 번 더 묻는다.

"아닌데, 이게 어찌 영산홍이고? 이런 색깔도 있었나…"

아젤리아는 서양 철쭉으로 일반적인 영산홍보다 꽃이 크고 무늬가 있어 더 화려하다. 그리고 활짝 피어난 꽃은 명화 속 중세 시대 여인들의 드레스보다 더 곱고 풍성하여 내 마음을 빼앗기는 충분한 이유가 되었다.

꽃을 좋아하는 엄마 덕분에 마당에는 여러 종류의 꽃과 내 키보다 큰 흰 철쭉, 빨강과 분홍의 영산홍이 때가 되면 찾아와서 어김이 없이 피었다가 지는 모습을 보며 자랐다. 결혼을 한 후에는 나도 여러 종류의 식물을 키우고 있었다. 그런 내가 첫 만남부터 푹 빠져 버렸다면 분명히 아젤리아는 매력덩어리다.

우리가 흔히 보는 분홍과 빨강의 영산홍은 4월 말부터 꽃이 피기 시작하여 5월이 되면 절정을 이루고 6월 여름까지도 꽃을 볼 수 있고 꽃이 진자리의 발랄한 초록도 가을과 겨울을 지나는 동안에도 즐길 수가 있기에 사랑받는 상록 관목이다.

내가 키워 보니 아젤리아도 마찬가지다. 겹꽃 형태를 띤 색의 화려함도 마음을 사로잡지만 가정에서 관상용으로 키우기에도 수월한 품종이다. 직사광선에 강하고 양지와 음지 어느 곳에서도 잘 자라며, 물을 좋아하여 특별히 주의하여 키우지 않아도 된다. 4월에서 초여름까지 꽃을 보여 주고 꽃이 지고 나서 가지치기를 하여 주면 초록빛 나뭇잎들이 꽃이 진 자리의 허전함을 달래 준다.

아젤리아의 꽃말은 사랑의 기쁨, 사랑의 즐거움이다. 딸램의 선물로 와 준 아젤리아! 봄마다 찾아와 첫사랑 같은 설렘을 전하여 주고, 딸램이 먼 이국땅에서 살아가는 동안에도 딸램을 대신하여 내 곁을 지켜 주었다. 올해도 아젤리아의 꽃망울은 때가 되면 불꽃처럼 터트릴 준비를 든든히 갖추고 내 마음을 훔치기 위하여 기다리고 있다.

농장에서 가지를 삽목하여 꽃을 피우려면 적어도 2년은 지나야 할 테다. 꽃이 피어서 우리 집에 입양되었고, 딸램의 중딩 때였으니 24~25년 전이다. 꽉 찬 스물다섯, 아젤리아의 생일엔 딸램과 의논하여 조촐한 잔치라도 열어야겠다. 딸 부부와 함께 기념사진이라도 찍고, 아젤리아를 위하여 와인으로 축배를 들고 손바닥만 한 마당에서 느린 왈츠라도 '쿵짝짝, 쿵짝짝~' 춤을 추고 싶다.

꽃망울이 맺힌 아젤리아를 행복한 마음으로 바라보며 달콤하고 즐거운 상상을 해 본다.

우리 동네 짬뽕

이틀 동안 쉬엄쉬엄 비가 내렸다. 워낙 가뭄이 심했던 터라 가랑비로 와 준 것도 감사하다. 그렇게 다녀간 비님 덕분에 화단의 꽃나무가 아장아장 걸음을 시작하는 아기의 볼살처럼 오동통하고 초록

잎에도 생기가 돈다. 이런 날엔 따끈한 국물 요리가 간절하다.

“사장님, 안녕하세요. 여기 1층에 짬뽕 하나, 짜장 하나 배달해 주세요.”

우리 동네 중국집은 내 어린 날의 정서가 그대로 담겨 있다. 밖에서 안을 들여다보면 어두컴컴하고 간판은 낡아서 떨어질 듯하며 유리창엔 기름때가 절어 눅눅하다.

10년 전에 이사를 결정하고 집을 둘러보며 업자와 리모델링에 관한 상담을 한다고 끼니를 놓친 적이 있다. 남편과 둘이 큰길가 식당으로 가려고 집을 나섰는데 두어 걸음 걷자 중국집 간판이 보였다. 나는 남편의 팔을 붙들고 식당으로 들어섰다. 배에 주름이 잡힐 정도였으니 한 깔끔 떠는 나의 눈에도 식당의 초췌함은 보이지가 않았다. 꼬질꼬질한 커튼을 손가락으로 집어 올리고 허겁지겁 안으로 들어서며 바로

“사장님, 짬뽕하고 짜장 하나씩 주세요.”

먼저 주문을 하고서 식탁에 앉았다. 기다리는 동안 식당 안을 한 바퀴 둘러보며 남편에게 이마와 눈을 있는 대로 찡그려 보였다. 그러나 마찬가지로 허기진 남편도 원초적인 본능이 급한지라 짜장면에 관심이 꽂혀 연신 주방만 바라보고 있다. 혼자서 눈치로 실랑이를 하는 동안에 짬뽕과 짜장면이 나왔다. 짬뽕이 담긴 그릇은 몇 대를 넘어온 듯이 꾀죄죄했으나, 짬뽕의 때깔은 눈과 입을 유혹하기에 충분했다. 식당을 둘러보며 느낀 불편한 감정들을 냉큼 거두어들이고 그릇을 두 손으로 깍지를 끼며 환영해 주고는 숟가락으로 국물을

한입 머금었다.

"음~ 좋다."

"깔끔하고 좋다."

입이 벌어졌다. 남편도 쓱쓱 비벼서 짜장면을 젓가락에 두어 번 감아 크게 한 입 먹어 보더니 만족한 눈빛을 내게 보낸다.

다음은 면과 함께 들어간 재료들을 맛볼 차례다. 국물은 눈으로 보아도 담백함이 보였고 해물과 채소도 신선도가 느껴졌다. 나는 요리를 할 때에 웬만하면 재료들을 따로 볶아 무친다. 재료들의 본연의 맛을 즐기는 편이다. 짬뽕이 그랬다. 육수는 디포리만으로 깔끔했고 채소와 해물을 따로 볶아서 육수를 넣고 함께 끓인 것 같았다. 오징어는 탱탱했고, 새우 살은 오동통, 뿔소라는 쫄깃쫄깃, 야채도 하나하나 본연의 맛과 싱싱함이 살아 있어서 부드러운 단맛이 입안에 오래도록 맴돌았다. 내 입에는 안성맞춤이었다.

천천히 음미하며 먹는 내내 행복했다. 양도 많아서 배를 채우고도 남았다. 비가 오는 날이나, 주부 파업을 외치고 싶은 날에는 한 치의 망설임 없이 온 가족 만장일치로 짬뽕과 짜장을 먹었다. 기분마저 좋은 날에는 탕수육도 덤이다. 손님이 오는 날에도 의향을 물어보지 않고 데려가 먹는다. 그만큼 자신 있는 짬뽕이다. 오래된 지인들은 이미 우리 동네 중국집의 유명세를 학창 시절부터 알고 있다고 했다. 맛보지 않았던 지인들도 한번 맛보고 나면 중독 증상이 나타난다. 짬뽕이 먹고 싶다고 찾아오는 친구도 있으니 말이다.

가게를 연 지가 30년 세월이 가깝고 내가 이사를 와서 먹은 지도 10년이 되었지만 낡은 간판을 바꾼 적도 없고 짬뽕 맛이 변한 적도 없다. 지난해 코로나가 한창 기승을 부릴 때 가게 문을 닫고 안에서 뚝딱거리는 모습에 동네 주민들도 잠시 기대에 부풀었다.

"중국집 고치나 봐요."

내심 깨끗하게 변할 중국집을 기대하며 평상에 앉아서 시간을 보내시는 어르신들께 묻기도 했었다.

한 달 만에 다시 문을 연 중국집은 유리창 선팅과 실내에 페인트 칠만 새로 했다. 살짝 실망은 했지만 아무려면 어떤가? 맛있으면 그만이지. 동네 사람이라고 한 그릇도 배달해 주는 서비스와 그릇을 씻어서 돌려주는 내게 감사하다며 가끔 만두도 얹어서 보낸다. 오늘 같은 날엔 따끈하고 시원한 짬뽕이 딱이다. 입은 옷으로 나설 수 있는 가까운 곳에 마음에 쏙 드는 맛집이 있다는 것은 얼마나 큰 행운인가!

"짬뽕 한 그릇 하실래예?"

내게는 전부였다

인생 60년을 넘게 살아오다 보면 특별한 추억이 묻어 있거나 버리기엔 조금 아까워서 정리하지 못하고 창고나 서랍 속에 들어 있는 물건들이 있기 마련이다.

스무 살 이전에는 친구들과 주고받은 편지나 쪽지가 추억의 전부였다. 요즘에는 유아기 때부터 아기가 좋아하는 물건에 애착이라는 이름표를 달아 정서 안정을 돕는 걸 자연스레 여기지만 예전에는 나이에 맞지 않는 행동이라고 터부시 여기며 물건에 대한 집착이라고 나쁘게 보았다. 아이를 키우는 문화와 교육의 목적이 다른 시절이었으니 그런 호사는 내게도 당연히 없었다. 그랬으니 결혼을 준비하면서도 특별히 좋아서 간직해 보고 싶은 물건이 딱히 떠오르지 않았다. 아마도 친구와 주고받은 편지가 전부였을 것이다.

본디 글쓰기를 좋아하여 소녀 시절 주고받았던 편지와 메모들을 버리지 않고 귀하게 모셔온 터라, 편지가 보석이라도 되는 듯이 박스에 곱게 담아 신혼집에 들고 왔다. 하지만 아이를 낳고 기르며 삶에 쫓기고 또 여러 번의 이사를 통하여 특별히 간직해야 할 이유를 찾지 못하였고, 때마다 챙기는 것이 매번 번거롭기도 했으니 살면서 저절로 정리가 되어 버려도 아쉬움을 느끼지 못했을 테다.

결혼 전의 추억을 애틋하게 보듬고 살아도 될 만큼의 여유가 없었고, 하루하루의 삶이 벅차던 때였으니 과거의 기억은 버려질 이유가 충분했다. 그러나 이제야 생각해 보면 내 모든 그리움의 그림자가 편지 꾸러미에 머물러 있었음을 알기에 박스를 들고 쓰레기 더미 속에 던지고 온 미련한 나의 행동이 아쉽기만 하다.

아침에 일어나 먼저 스누피와 눈을 맞추곤 팡팡이를 들고 중문을 연다. 이젠 코가 떨어져 나가고 털의 기름기도 빠진 스누피를 보는 나의 눈동자에 괜히 서글픔이 깃든 이유에는 나이 탓도 있으리라.

스누피를 볼 때면 그를 처음 만났을 때의 설렘이 아직도 새롭다. 난생처음 선물 받은 인형이었으니 그 감격을 어찌 잊을 수 있을까. 큰언니가 결혼하여 서울에 살고 있었고 마침 나도 서울에 있을 때였다. 언니가 아기를 낳았는데 엄마가 산후조리를 해 줄 형편이 못 되었다. 궁여지책이었지만 나는 산모를 보살펴야 했다. 언니가 가르쳐 주는 대로 미역국을 끓이고 어설픈 솜씨로 기저귀를 삶아서 빨며 산후 도우미를 해내고 있던 어느 날, 출근했던 형부가 퇴근하여 들어오며 큰 쇼핑백을 내게 내밀었다. 의아해하며 풀어 보니 스누피 인형이 두 개가 들어 있었다.

"하나는 처제 거."

찰리 브라운과 스누피는 내가 좋아하는 캐릭터였다. 만화 속에 나오는 모든 인물들의 개성이 톡톡 튀는 매력이 있기에 가끔씩 흉내를 내기도 하였던 터라 말로는 표현이 되지 않을 만큼 기분이 좋았다. 난생처음 선물 받은 인형이었다. 백화점에서 파는 것보다 훨씬 고급스러웠고 내 맘에도 쏙 들었다.

1980년대 초였지만 우리나라의 수출용 봉제 인형 수준은 과히 세계적이었고 지금 백화점에 진열해 놓아도 그리 모자라지 않을 수준이다. 무엇보다 좋아하는 캐릭터여서 형부에게 연신 고맙다고 인사를 하며 냉큼 품에 안았다.

당시 형부는 은행에 다니고 있었다. 갑자기 회사가 어려워져 대출 상담을 하려고 찾아온 고객이 있었는데 형부가 말단 사원이라 줄 수 있는 도움이 없었다고 했다. 순서대로 담당자와 상담을 한 고객인데, 모두에게 거절을 당하고 다시 아들과 같은 나이의 형부에게로 와서 간곡히 부탁을 하며 읊조리는 모습을 쳐다보니 차마 돌려세우지 못했단다.

형부가 한 번 더 담당자에게 상황 설명을 하고 책임을 지는 조건으로 대출이 승인되었다. 몇 달 뒤 고객은 형부를 찾아와 어려운 고비를 잘 넘겼다며 감사 인사와 함께 자신의 회사에서 만든 봉제 인형이라며 놓고 갔다는 것이다.

형부 덕분에 만나게 된 스누피는 그날부터 40년이 넘는 세월을 나의 희로애락을 함께 하고 있다. 나의 자녀들도 손자, 손녀도 스누피를 가지고 놀았다. 스누피와 아이들은 서로에게 친구가 되었지만, 그래도 스누피는 그들의 것이 아니었다. 그들에게 스누피는 놀이 친구들 중의 하나였지만, 내게는 전부였다. 그들은 스누피를 재미있게 가지고 놀다가 아무렇게나 처박아 두면 나는 거품 샤워를 시켜 주고, 햇살에 말려서, 눈이 마주치는 곳에 모셔 둔다. 지난해 가을에 내려온 손녀가 스누피를 가지고 놀다가 투정을 부렸다.

"할머니, 스누피 가지고 싶어."

나는 손녀를 안아서 다독이며 부탁했다.

"스누피는 할머니의 친구야. 친구를 데려가면 할머니 슬퍼."

손녀는 나를 위해 쿨하게 포기해 줬다.

사실 자식에겐 책임이 있으니 넘치는 것을 일부러 절제하기도 하지만 손자, 손녀에겐 무엇이든지 있는 대로 다 주고 싶고, 더 주고 싶은 것이 할머니 마음이다. 옛말에 '자식이 손주만큼 좋으면 키울 수 없다.'고 했단다. 아마도 손주에게는 마음의 절제가 안 된다는 뜻일 것이다. 그런 내게도 절대로 양보가 안 되는 한 가지가 스누피다.

아들 가족과 한 지붕 살이를 할 때가 있었다. 손자는 유난히 스누피 귀를 붙잡고 끌고 다니며 놀았다. 그 모습에 나는 스누피가 안쓰러워 마음이 짠했다. 그나마 다행히도 손녀는 소꿉놀이에 빠져서 스누피를 눈여겨보지 않았다. 오히려 요즘 우리 집에 다니러 올 때면 내게 먼저 양해를 구한다. 저들이 보기에도 스누피에 대한 애정이 남달라 보이나 보다.

마루로 나와 스누피를 바라보는 나의 마음도 여전하다. 한 번씩 귀를 만져 주며 뜬금없이 말을 걸기도 한다. 내 삶에 찾아와 40년을 넘는 세월을 함께해 주었고, 놓쳤어도 전혀 문제가 되지 않았던 미미한 것들을 행복이라는 이름과 의미로 남게 해 주었기에 내게는 늘 고맙고 귀하다. 그것이 가격으로 나타낼 수 없는 하찮은 것일지라도 자신의 인생에 1%라도 영향을 미쳤다면 그것만으로도 충분히 자신의 삶에 보석 같은 존재로 생각해도 무방할 것이다. 그렇기에 오늘도 나는 나를 찾아온 작은 행복들을 놓치지 않을 것이고 또 기대하며 마음을 다하여 누릴 것이다.

사랑은 사람을 아름답게 만든다

나풀나풀 살가운 꽃잎이 길을 만든다.

나비처럼 날아와 소리 없이 물들인다 세상을.

천지가 꽃이다.

누구든지 누려라.

누구라도 행복하자.

창조주가 주신 은총이다.

아름다운 것이 가득하다 세상은.

가지고 싶은 것도 넉넉하다, 세상이.

절제하지 않으면 탐욕으로 인하여 한없이 초라해지는 세상이다.

가지고 나면 더 가지고 싶은 세상이다.

나도 그랬다. 가지고 싶어도 가지지 못하여 마음에 구멍이 났었다. 보여 주고 싶었고, 보여 주지 못하여 마음이 허했다. 나누고 싶었고, 누리고 싶었다.

마음의 가난이 싫었다. 마음의 가난이 미웠다. 마음의 가난은 초라했고 부끄러웠다. 마음의 가난을 숨기고 있었다. 넓은 문으로 들어가 더 나은 세상을 보고 싶었다. 나의 한계였고, 나의 역량이 부족함을 그제야 알았다.

창조주의 생각을 알지 못했다. 그의 뜻을 알길 원하지 않았다. 마음에 뿌려진 씨앗이 썩었다. 오랜 시간이 지났고, 썩었던 씨앗에서 싹이 났다. 못나고 꼬였지만 상관하지 않으셨다. 날마다 찾아오시더니 마음에다 집을 지으시고 함께 살자고 하셨다. 부끄러워 숨기고 싶었던 마음을 툴툴거리며 그의 품에 안겼다.

바다보다 깊고, 하늘보다 넓은 사랑이었다. 날마다 울었고, 날마다 웃었다. 날마다 감사하며 행복을 배웠다. 마음의 부요를 누렸고, 나눌 것이 많아졌다. 보이지 않았던 것이 보였고, 들리지 않았던 것들이 들렸다. 영원한 사랑을 보았고, 무한한 사랑을 들었다.

사랑은 사람을 새롭게 하고, 사랑은 사람을 아름답게 만든다. 나는 오늘도 그의 사랑을 만나기 위하여 마음을 비우고 그의 흔적을 찾아, 그의 향기에 취하며, 내 삶의 주인이 되신 아름다운 사랑을 따라, 벚꽃이 휘날리는 레드카펫 위에서 무르익은 봄을 누리려 한다.

어둠이 준 평안

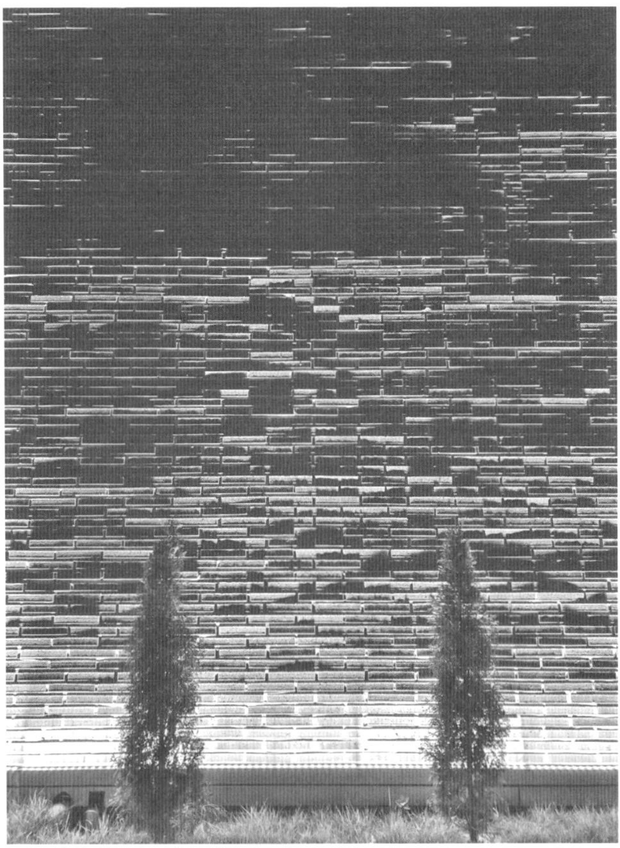

당시에는 아프고 곤혹스러운 기억도 세월이 지나서 돌아다보면 이슬 품은 풀잎처럼 반짝일 때가 있다. 지나간 시간들이 그리운 이유도 다시는 그 시간 속으로 돌아갈 수가 없기에 그러하리라. 아무려면 어떤가? 민망한 기억들을 빙긋이 웃어넘길 수 있는 지금이라면 삶을 즐기고 있다는 충분한 증거가 아니려나.

내 삶이 불혹을 넘기며 조금씩 안정을 찾아가고 있었고 YWCA에서 섬김을 통하여 나의 정체성과 삶의 목적을 배워 가던 시절이었다. 그즈음에 나는 초등학교 4학년부터 중학교 3학년까지로 구성된 Y합창단의 단장을 맡아서 섬기게 되었다. 내가 사는 도시에서의 소년, 소녀 합창단의 창립은 처음인 걸로 기억한다. 합창단원을 뽑는 날에 시내에 사는 아이들이 다 모였다고 할 정도로 많은 지원자가 있었고 뽑히지 못한 아이들은 다음해도 지원을 할 정도로 인기가 꽤 있었던 합창단이었다.

여러 차례의 순회공연으로 실력도 검증이 되고, 연말이면 합창 발표회로 또래 아이들에게도 자랑거리가 되어 해마다 소문을 더해 갔다. 앞선 단장님들의 수고로 합창단이 정상 궤도에 올랐을 무렵에 단장이 된 나는 일 년 중 가장 큰 행사인 합창단의 정기발표회를 앞두고 있었다.

연말이라 교회와 개인적인 일도 바빴고 발표회의 인사와 사회를 맡아 진행을 해야 했기에 마음이 더욱더 분주했다. 미리 인사말을 쓰고, 거울을 보며 낭독을 해 보기도 하고, 프로그램의 순서대로 노래에 대한 설명을 곁들여 합창단을 소개하는 연습도 부지런히 해야 했다.

드디어 내일이 합창단 정기 발표회다. 아침에 일어나면 마음이 분주하고 떨려 잊어버릴지도 모른다는 생각에 준비물들을 들고 갈 가방 안에 차곡차곡 챙겨서 잘 넣어 두고는 잠자리에 들었다.

공연 시각은 7시다. 단원들은 12시에 모여 함께 점심을 먹고 최종 점검을 하기로 했다. 나는 아이들이 연습하는 것을 지켜보기도 하고 연주회에 필요한 도구들도 챙기며 단장 인사와 순서들을 머리로 열심히 복습했다. 그리고 약속 장소로 먼저 가서 합창단 리허설 전에 내가 맡은 것들을 한번 해 보려고 했으나 시간의 여유가 주어지지 않았다. 합창단과 함께 발표회 장소에 도착하였고 아이들을 돕다 보니 겨우 내가 서야 할 위치만 확인하는 걸로 나의 준비는 끝이 났다.

발표회 시간 20분 전이다. 합창단의 리허설도 끝이 났고 나는 무대 뒤로 가서 발표회가 시작되면 무대로 나와 사회자석에 서서 관객들에게 인사를 먼저하고, 정해진 순서대로 진행하면 되었다. 시작 시간을 기다리며 앉아 있던 자리에서 일어나 마음을 가다듬고 심호흡을 하며 팸플릿을 들고서 인사말이 든 봉투를 챙기기 위하여 가방의 지퍼를 열었다.

알 수 없는 싸늘함이 온몸을 타고 내려왔다. 가방 속에 두 손을 집어넣고서 이곳저곳을 뒤적이는데도 원하는 것이 잡히지 않았다. 등골이 싸늘해졌다. 가방을 활짝 열어젖히고 고개를 처박아 찾아봤지만 인사말을 쓴 편지지를 곱게 접어 넣어 둔 봉투는 어디에서도 보이지 않았다. 손바닥에 땀이 흥건히 고이고 가슴은 두근두근 뛰기 시작했다. 얼굴은 노랗게 익어 가고 저녁으로 먹은 김밥이 목에 걸린 것처럼 체기가 느껴졌다. 그제야 아침에 남편과 아이들을 학교로 보내고 마지막으로 한 번 더 연습하기 위하여 봉투를 꺼냈던 생각이 났다.

관객석엔 불이 꺼지고 사회자석에 조명이 켜졌다. 발표회는 시작되어야만 했다. 나는 무대 뒤에서 나와야 했지만 어리바리한 상태로 관객석에서 무대 위로 올라갔다. 밝은 조명이 사막의 뙤약볕처럼 퍼붓고 어둠 속의 관객들은 안전한 사파리 안에서 나를 포획하려는 사냥꾼처럼 노려보고 있었다. 모두가 숨을 죽이고 나만 바라보는 것 같았다.

이보다 더한 공포가 있을까? 지독한 오한이 내 몸을 흔들었고 구멍 난 풍선에서 바람이 빠지듯 머릿속에서는 생각이란 것이 소리 없이 사그라들고 있었다. 나는 머릿속을 나가고 있는 모든 정신을 붙들고 사정을 하여서라도 집중해야만 했다.

"안녕하세요. 합창단 단장을 맡고 있는…"

인사를 시작하는데 갑자기 사회자석의 조명이 나가 버린다. 관객들은 빛의 속도로 술렁이기 시작했다. 그런데 나는 아이러니하게도 순간 마음이 평안해졌다. 조명실에서 실수가 있는 것 같다는 이야기를 스스로 전하며 차분히 인사를 이어 나갔다. 인사가 마무리될 즈음에 뜨거운 조명이 나를 비추었으나 나는 태연했다.

곧 합창단의 소개가 이어졌고 아이들은 무대로 나와 나란히 서서 노래를 들려줄 준비를 마쳤다. 감사하게도 다른 실수는 없었고, 발표회는 잘 마무리되었다. 집으로 돌아오는 차 안에서 안도함이 컸는지 나도 모르게 소리 내며 큭큭, 웃어 버리고 말았다. 남편이 묻는다.

"와?"

"아니, 별일 아이다."

그날의 일은 나만의 비밀로 간직하고 싶었다. 혼자만의 비밀이었기에 곧 잊어버렸다. 20년이 더 지난 이야기를 글로 쓰면서 나의 마음도 그날로 돌아가 그 현장에 다시 서 본다. 지금도 여전히 등줄기에 식은땀이 흐르겠지만 이제는 연륜에도 마음에도 근육이 붙었기에 그리 무섭진 않을 것 같다. 세월이 내게 준 선물이다. 수많은 위기를 만나면서 나는 성장했고 크고 작은 공포와 싸우면서 나는 담대해졌다. 내가 좋아하는 '빨강 머리 앤'의 대사 중에 생각나는 말이 있다.

"생각대로 되지 않는다는 건 멋진 일이에요. 생각지도 못했던 일이 일어나니까요."

그날도 위기를 만났지만 앤의 말처럼 생각지도 않았던 사회자석의 조명이 나가는 멋진 현장을 나는 만났고, 어둠이 준 평안을 누리며 안정을 찾아, 나의 책임도 무사히 수행할 수 있었다. 인생은 살아갈수록 흥미롭다. 앞으로 찾아올 나의 삶을 기대하며 살아가는 이유로도 충분하기에 오늘도 내 삶을 기꺼이 누리며 가려 한다.

소중한 사람

꽃과 나무를 좋아하는 나는 마당이 있는 집을 선호한다. 조그마한 화단엔 스무 살이 넘은 꽃나무가 몇 그루 있다. 대부분 갓 태어난 아기 나무를 심어서 성장 과정을 보았기에 정이 각별한 나무들이다. 아이들이 어린 시절엔 물도 주고 매일매일 자라나는 것을 체크하며 관심이 많았었다. 지금도 가끔 들를 때면 뿌듯하게 바라보는 아이들의 미소가 나무의 크기만큼 자란 것 같아서 나도 더 정성을 기울인다.

하물며 사람이야 어찌 들인 시간과 정성이 헛될까? 오늘, 30년을 알고 지낸 가까운 지기를 만났다. 아이들이 초등학교 때 내가 다니는 교회로 옮겨 와서 함께 신앙생활을 하다가 이웃 교회에서 전도사로 10여 년을 섬기다가 은퇴하고 다시 교회로 돌아왔다.

내게는 평생 고마운 친구다. 자신이 섬기는 교회의 아가씨를 아들에게 소개했다. 친구가 소개한 아가씨는 아들의 짝이 되었으며, 더불어 나의 며늘이 되었다. 내게 또 하나의 복을 선물해 준 소중한 사람이다.

한동네 같은 교회에서 만난 우리는 나이도 한 살 차이라 곧 친구가 되었다. 그녀는 아파트를 새로 분양받아 완공될 즈음에 살고 있던 아파트를 팔았다. 그런데 입주 날짜보다 일찍 팔려서 잠시 동안 머물 곳이 필요했다. 나는 그즈음에 아파트를 팔고 주택으로 이사를 하여 살고 있었다. 때는 겨울이었고 내가 살고 있던 집이 제법 넓어서 두 달 동안 함께 살자는 제안을 했다.

우리는 한 지붕 두 가족이 되어 여덟 식구가 도란도란 재미있게 살았었다. 찬이 없었어도 식탁의 이야기가 풍성하여 밥그릇은 항상 깨끗하게 비워졌다. 아이들도 서로 부대끼고 토닥거리며 알콩달콩 좋은 시간을 보냈다. 가족이 되어 사는 두 달 동안 서로를 의지했다.

두 달을 한 집에 살다가 그녀는 새 아파트로 입주를 하게 되었다. 그 후 누군가의 모함으로 오해가 생겨 소원해지기도 했으나 곧 회복이 되었다. 그리고 엇비슷하게 신학교를 다녔고, 함께 권사가 되었다. 그녀는 전도사로 나는 교회에서 서로의 믿음을 지켰다.

그녀는 성악을 전공하여 찬양대의 솔리스트였다. 피아노 연주 실력도 수준급이었다. 노래에 욕심이 있었던 나는 그녀의 타고난 재능이 늘 부러웠다. 그러나 우리는 서로의 달란트를 인정했기에 오랫동안 친구가 되어 왔고, 자신의 며느리로 삼고 싶었던 아가씨도 내 아들에게 소개해 주었다.

오늘은 그녀가 나의 전자책 출간을 축하해 주는 자리를 마련했다. 점심부터 저녁까지 함께하며 그동안 아껴 두었던 여러 가지 이야기를 나누었다. 지나갔으나 마음에 남아 있던 섭섭함과 자주 만나지 못하여 생긴 오해들도 풀었다. 30년 동안 함께한 시간들이 녹슬지 않았고 서로를 믿고 기다려 준 시간들을 감사했다.

우리는 서로에게 줄탁동시다. 병아리가 알에서 깨어나기 위해서는 어미 닭은 밖에서 쪼고 병아리는 안에서 쪼며 서로를 도와야 하는데, 이것이 동시에 일어나야만 병아리가 세상에 나와 닭으로 성장할 수가 있다. 어미 닭은 알 속의 병아리가 부리로 알을 깨려고 하는 것을 알아채고 어미 닭의 부리로 알을 깨는 것을 도와주어야만 가능하다.

혼자서 살아가는 사람은 세상에 없다. 또 도움만 바라며 살아가는 사람도 없다. 우리는 삶에서 만나는 사람들과 관계를 맺고 서로에게 선한 도움을 주고받으며 자신의 의지와 노력을 더하여 소원하는 삶의 목적을 이루어 낸다. 평범한 삶에서의 일방적인 관계는 존재하기가 어려울 것이다.

친구와 나도 그랬다. 말하지 않았어도 서로가 기다려 주었고 자신의 생각을 억지로 강요하여 상대방의 마음을 바꾸려고 하지 않았다. 때가 익을 때까지 각자의 길을 인정하고 응원했다. 오늘도 그랬다. 오래되었으나 빛바랜 사진처럼 서로에게 존재의 가치가 있었고 많은 말이 필요 없는 그리움의 시간들을 함께했었기에 마음속 따뜻한 온기로 남아 있었음을 우리는 확인했다. 앞으로도 나는 세월의 넓이만큼 더 깊은 미소로 그녀의 삶을 응원하고 노을이 아름다운 길도 함께 걸으며 살아가리라.

챕터 3.

아픈 만큼 익어 가는

쉼표

작년 이맘때에 벚꽃 사진을 올리며 자랑했던 블로그를 찾아서 보고 나니 걸음이 저절로 성당으로 향했다. 올해는 목련도 벚꽃도 아직 몽우리뿐이다. 피려면 1~2주는 더 기다려야 하겠다. 목련과 벚꽃도 오늘이 오기까지 시간을 기다리며 추위와 바람을 온몸으로 받아 내고 견디었으리라.

7주간의 에세이 쓰기를 배우고 전자책으로 출간하기 위하여 산고를 겪는 시간을 학우들과 함께 나누고 있다. 다른 학우들은 무늬만 학생이지 다들 작가다. 물론 나도 호기롭게 시작한 발걸음이었다. 그런데 수업을 따라가며 규칙적으로 쓰던 글이 흔들리기 시작했다. 나의 속내를 드러내는 과정이 만만치가 않았지만 이미 작정했던 글쓰기였고 알맞은 때라고 여겼기에 멈추고 싶은 마음과 흔들리고 있는 내적갈등을 이해할 수가 없었다.

지극히 개인적인 이야기를 주관적인 관점에서 쓰는 글쓰기가 나의 삶을 변호하고 싶은 이기심은 아닐까 하는 두려움이 밀려왔으나, 스스로 선택한 글쓰기 통하여 이미 큰 위로를 얻었기에 내면에서 일어나는 작은 문제들은 스스로 감당해야만 했다. 학우들과 함께하는 수업에서는 마음을 숨길 수 있었지만 수업이 끝나고 과제를 제출하고 나면 마음이 무거웠다.

말하지 않았어도, 응원군이 없었어도, 이해받지 못했어도, 잘 살아온 삶을 불평처럼 터트려야만, 상처가 치유되고 회복되는 것일까? 하는 미안함과 지금까지 잘 버텨 온 삶을 굳이 포장지를 풀어헤치는 글쓰기로 가까운 사람을 아프게 하는 것이 바른 태도인지 의문이 들었다.

또 생채기 난 마음을 보이며 글쓰기를 핑계 삼아 이기적인 욕심을 채우는 것은 아닐까 하는 복잡한 질문들도 머릿속을 맴돌았다.

마지막 수업을 마치고 난 후엔 온몸이 뜨거워졌고 코로나 확진자가 된 듯이 목이 따가웠다. 며칠을 바닥에서 뒹굴었다. 머릿속에서 생각하지 않으려 애를 썼고 불편한 마음들을 토하여 내며 글을 쓰고 싶은 이유까지도 내려놓았다. 다시 처음으로 돌아가고 싶었다. 처음부터 다시 시작해야만 되었다. 치열하게 살아온 나의 삶을 사랑했기에 남아 있는 내 삶을 사랑하며 살고 싶었던 꿈을 사랑하면 되는 것이었다.

누군가를 미워하고 핑계한다고 내 삶이 반짝이는 것이 아님을 알기에 아픔도 상처도 사랑하며 달려온 시간들을 당당히 마주하며 가고 싶었다. 그랬기에 나는 처음부터 글쓰기 강의를 연달아 듣겠다고 마음먹었다. 최선을 다하여 살아온 소소한 행복을 삶의 연륜으로 누리며 나누고 싶었고, 삶의 마지막 순간까지 감사하며 살아가고 싶었다.

수업을 이끌어 온 선생님과 마음으로 삶을 공유하며 배워 온 학우들의 배려로 한 챕터를 무사히 마친 안도감이 긴장의 끈을 풀어 헤쳤나 보다. 다시 처음으로 돌아가 솔직하고 거짓이 없는 마음으로 글을 써야 한다. 내 삶을 보상받기 위하여 쓰는 글이 되면 안 되었기에 한 걸음 쉬어 가는 쉼표가 내게 찾아왔나 보다. 그래서 체력을 바닥까지 끌어내려고 다 토하여 비우게 하셨나 보다. 이제 나는 다시 시작하려 한다. 아니 매일매일 다시 시작할 것이다. 넘어지면 또 일어나서 다시 시작할 것이다. 이것이 내가 살아온 삶이다. 매일매일 조금씩 앞으로 전진했다. 한 뼘이라도 더 앞을 향하여 나아가는 것이 나의 꿈이었다. 오늘도 그 꿈을 이루며 살아갈 것이다.

인생이 오다

봄이다. 죽은 듯이 잠자던 모든 생명체가 깨어나는 봄이다. 나무는 살아남기 위하여 마지막 남은 진액까지 다 쏟아 낸 후 어둡고 시린 바람에게 온몸을 맡기고 겨울잠을 잔다.

긴긴 겨울밤의 추위와 어둠을 견딘 나무는 봄이 되면 이슬 한 방울이라도 마른 가지에 공급하기 위하여 우주의 기운을 빌려 사투를 벌인다. 비라도 내려 주면 창조주의 은총이다. 아직은 시린 바람이 야속하지만 가지에 수액을 끌어 올리려면 온몸을 비에게 맡기고 침으로 찌르는 듯한 비의 공포를 견뎌야만 한다. 그렇게 조금씩 고통을 참아 내면 건조한 몸에 탄력이 붙고 딱딱한 껍질은 부드러워지며 꽃망울과 연둣빛 새싹이 기지개를 켠다.

우리의 인생인들 나무에 비길까? 삶의 고통과 시간의 무게를 버텨내지 않은 인생이 있을까? 태어날 때부터 자신이 살아갈 삶을 준비하여 나온 인생이 있을까? 자신이 계획한 그대로 살아가는 삶이 있을까?

엄마는 부른 배를 안고 집 앞에 있는 텃밭으로 나갔다. 추석을 지나고, 가을이 무르익는 10월의 초입은 일이 지천에 널려 있다.

1959년 10월 7일, 만추를 향하여 달리는 하늘은 눈이 부시도록 아름다웠으리라. 엄마는 어제의 일상과 다름없이 서둘러 일어나 불을 지펴 밥을 하고 식구들 아침을 차렸다. 제일 큰 어른인 할아버지께서 아침을 드시고 논으로 나간 후에 집안일을 정리하고 텃밭으로 나가서 밭고랑에 앉으려는데 진통이 시작되었다.

아이 셋을 이미 나은 경험으로 배가 조이듯 아픈 것이 무엇을 의미하는지 아는 엄마는 소리를 질렀다. 텃밭 가까이 사는 아지매가 달려 나와 산파를 부르고 엄마는 천천히 걸음을 집으로 옮겼다. 아들, 딸, 딸이었으니 아들이기를 간절히 바라는 마음으로 가쁜 숨을 몰아쉬며 배가 터질 듯한 진통을 참았을 것이다.

긴 진통 끝에 생명을 받아 낸 산파 할머니는 탯줄을 자르고 아기를 닦은 후 엄마에게 주었다. 엄마는 신음처럼 '딸…'이라고 말했으리라. 아기 옆에 숨을 죽이고 누웠는데 논에서 돌아오신 할아버지의 헛기침 소리에 반사적으로 몸을 일으켜 앉으려니 할아버지께서 말씀하셨다.

"뭔 큰일을 했다고 누웠노? 줄줄이 딸을… 쯔쯧쯔. 쓸모없는 거는 갖다 버려라."

엄마는 3일 정도 누웠다가 밭으로 논으로 나가서 가을걷이를 했다. 일하다가 뛰어들어 와서는 젖을 물리곤 다시 논밭으로 나가곤 했다. 그렇게 가을이 가고 시린 겨울이 안방을 침입할 즈음에 일을 끝내고 들어와서 젖을 물리려고 아기를 안았더니 온몸이 불덩이였다. 아기를 업고서 밤을 새웠지만 가까운 곳에 병원이 있던 시절이 아니었고, 도시까지 나가는 버스가 자주 있던 시절도 아니었으니 시아버지의 호령에 바쁜 추수를 핑계 대며 열이 내리기만 기다릴 수밖에 다른 도리가 없었다. 며칠이 지나도 불덩이 같은 열은 내리지 않았다.

그날 밤도 일을 끝내고 밤중에 방으로 들어와 아기를 안았더니 아기는 싸늘하게 식어 있었다. 다급해진 엄마는 증조할머니를 부르며 소리를 질렀다. 마당에서 하루 일과를 정리하시던 할아버지는 헛기침으로 엄마의 다급한 감정을 누르며 잔뜩 성가신 목소리로 말씀하셨다.

"됐다. 새벽에 치울 테니 잠이나 자라."

힘없는 엄마가 할 수 있는 노력이 무엇이었을까? 한쪽 구석에 쪼그리고 앉아서 한밤의 고요에 기대어 울다가 쪽잠에 든 엄마는 아침을 향하여 가는 시간의 틈새에 무언가에 홀려 벌떡 일어나 윗목으로 밀어 둔 아기에게로 다가가 이불을 걷어 내고 가만히 내려다보았다. 그렇게 보고 있으려니 엄마의 젖을 찾아 오물거리는 아기의 움직임이 보였다. 막 떠오르기 시작한 맑고 투명한 태양의 빛이 창호지 너머로 아기를 비추고 있었다.

며칠을 제대로 먹지 못한 엄마는 마른 젖을 꺼내어 물리고 차갑게 식은 숭늉을 숟가락으로 떠서 아기의 입가를 적셔 주었다. 그날 이후에도 아기는 아침부터 우뢰와 같은 할아버지의 목소리를 들으며 자라났다.

"저거 갖다 버려라."

아기가 엄마를 따라다닌다든지, 무엇인가 마음에 들지 않아서 울기라도 하면 "저거 갖다 버려라." 하셨다.

그나마 2년 터울로 남동생이 태어나서 고추밭에 터를 팔았다고 기특하게 생각하신 증조할머니의 비호로 갖다 버리지는 않으셨다.

지금 나의 키는 166cm, 그 시절 여자의 키로는 꽤 큰 편이다. 하지만 중학교 1학년 때까지 70여 명의 아이들이 붐비는 교실에서 나의 책상은 둘째 줄에서 벗어나지 못했다. 유년 시절엔 입도 짧았고, 키와 체격이 왜소했다.

아침에 일어나면 엄마 얼굴은 보기가 힘들었고 증조할머니는 늘 남동생을 품에 안고 계셨다. 언니와 오빠가 학교에 가고 나면 마당 끝에 있는 계단을 따라 올라가 단감나무에 매달린 그네를 가지고 놀았다. 하루의 일이 끝나고 집으로 돌아온 엄마는 여전히 분주했고 2년 터울로 있는 다섯 명의 아이들의 눈을 마주칠 여유가 없었을 것이며, 자신의 삶을 추스르기도 힘들었을 테다.

그럼에도 불구하고 세월은 정직하게 흘러갔고 나는 학교에 입학할 무렵이 되었다. 나와 동생을 돌보는 증조할머니께서 돌아가시고 아버지는 도시에서 생활하고 계셨기에 엄마의 책임과 의무가 더 무거워졌다. 내 기억에는 내가 국민학교를 입학한 후에 곧 할아버지가 돌아가신 것 같다. 할아버지에 대한 기억은 아픈 곳이 너무 많다. 살아오면서 단 한 번도 스스로 생각해 본 적이 없고 엄마에게 물어본 적도 없다. 할아버지의 죽음은 엄마에게도 나에게도 호상이었으리라. 할아버지의 괴팍한 얼굴과 천둥 같은 목소리를 듣지 않는 것만으로도 우리의 삶에 위로가 되지 않았을까? 생각해 본다.

"그리 살려면 너거 집으로 가라."

할아버지는 늘 엄마에게 소리 지르셨다. 할아버지가 돌아가시고, 곧 언니들과 오빠는 아버지가 계신 도시로 나갔다. 2~3년 후 나와 동생도 도시로 학교를 옮겼다.

도시로 이사 온 나는 너무 좋았다. 할아버지가 없는 집이 좋았다.

골목마다 친구가 있어서 좋았다. 바람이 불어도 꺼지지 않는 전깃불이 좋았다. 학교에서 돌아오면 엄마가 있어서 좋았다.

또 하나의 복

봄이 무르익어 간다. 겨울이 떠났다는 것만으로도 마음의 빗장이 열린다. 봄이 바리바리 선물을 들고 코앞에 스스로 찾아와 주었으니 넋을 잃을 만큼 향기에 취하여 누리면 족할 일이다. 늘 시린 바람의 끝이 보일 즈음엔 나는 유난히 봄을 기다린다. 냉골 같은 몸이 한계에 이르면 온몸을 아낌없이 희생한 숯가루처럼 바스러져 버리기에 그 며칠의 기다림이 내겐 처절하다. 그렇게 입술이 바짝 마를 때쯤 며늘을 처음 만났다.

아들과 며늘은 그보다 앞서 지인의 소개로 몇 번 만나오던 터였다. 그날도 아들은 아가씨와의 데이트를 위하여 한껏 멋을 더하여 나갔고, 밤이 익어 가는 것처럼 미래의 며늘에 대한 궁금증도 무르익고 있었기에 나는 버릇처럼 시계를 쳐다보며 아들을 기다리고 있었다.

"어머니 집 앞에 왔어요."

핸드폰이 울려서 받았더니 아들이 다짜고짜 들이댄다. 나는 상황을 알 수 없었다.

"그래, 그럼 들어와~"

태연한 척 담담하게 말하며 거울 앞으로 가서 섰다. 머리를 매만지며 거울 속에 있는 나를 보며 빙그레 웃어 주고 현관문으로 눈이 멈추려는데 번호 키의 숫자를 누르는 손 모양의 경쾌함이 느껴졌다. 아들의 큰 키에 가려진 아가씨가 옆으로 쑥 고개를 내밀었다.

"안녕하세요~ 너무 늦었지요~ 빈손으로 와서 죄송해요."

맑고 고운 목소리가 사랑받고 자란 향기가 묻어 있었다.

"괜찮아요~ 들어와요~"

수줍은 듯 들어와 식탁에 앉은 아가씨를 한참이나 바라보았다. 아들이 아가씨를 보는 눈도 아가씨가 아들을 보는 눈도 놓치지 않고 보았다.

'이만하면 됐다.'

아들이 처음 아가씨를 만나고 들어온 날에 중문을 밀고 들어서며

"어머니 같았어요~ 어머니를 닮았어요~"

하며 방으로 들어갔다. 순둥이긴 하지만 말이 많은 아이는 아닌지라 따라가며

"내를 닮으면 우짜노? 니 맘에 들어야지."

말했더니 아들이 돌아보며 씩 웃었다.

"내 맘에도 들어예."

그렇게 시작되었다. 아들의 사랑이. 그리고 처음 본 그날 아가씨는 돌아가면서 "밸런타인데이에 뵐게요." 한다. 나는 한 번도 밸런타인데이를 챙겨 본 적도 없고 초콜릿을 받아 본 적도 없었다. 무엇보다 밸런타인데이는 며칠 뒤였다. 아들은 당시에 대전에서 직장 생활을 하고 있었기에 아가씨가 혼자 오겠다는 약속을 한 것이다.

드디어 그날이 되었다. 아가씨는 직접 만든 초콜릿과 꽃차를 들고 왔다. 아들이 내가 차를 좋아한다는 정보를 알려 준 모양이다. 차가 담긴 박스만 보아도 그 품질을 가늠할 정도로 차의 매력에 빠져 있던 시절이었다. 그 하나만으로도 이미 아가씨에게 마음이 사로잡혀 버렸다. 아무려면 어떤가. 내 아들을 저 맑은 눈으로 사랑스럽게 바라보는 것만으로도 족했다. 거기에 센스까지 넉넉하여 더 바랄 것이 없었다.

나는 그 무렵에 딸을 보고 결혼은 언제 할 건지 한창 조르고 있었다. 아쉽게도 딸은 결혼에 관심이 없었고 무엇보다 너무 먼 곳에 있었다. 자연히 내 시선은 아들에게로 눈이 옮겨졌다. 직장도 반듯하여 아가씨만 만나면 될 것 같았다. 친구와 차를 한잔하면서 교회에

좋은 아가씨가 있으면 소개해 달라는 부탁을 했다. 친구는 흔쾌히 대답하며 마음에 둔 아가씨가 있다고 했다. 며칠 후 친구에게서 전화가 왔다.

"아가씨가 결혼을 안 할 거라네. 독신주의자래."

그리곤 교회에 다른 아가씨를 살펴볼 테니 걱정 말라며 전화를 끊었다. 그리고 두어 달이 흘렀다.

지난번에 그 아가씨가 아들을 물어보며 스스로 소개를 부탁한다고 말했다며 친구가 전화를 했다. 참 신기했다. 그 무렵에 나는 여러 번의 태몽을 꾸었다. 친구가 아가씨의 전화번호를 내게 건네며 아들에게 알려 주란다. 아뿔싸, 나는 친구가 보낸 아가씨의 전화번호를 아들에게 보내 주려다가 발신 버튼을 눌러 버렸다.

"여보세요, 미안해요. 홍이 엄마입니다."

"아~ 안녕하세요~ 괜찮아요~ 전화번호 주시면 제가 카톡을 해 볼게요."

먼 거리였지만 그들의 사랑은 그렇게 시작이 되었고 아가씨는 지금 내 앞에 앉아 있으니 나는 기회를 잡기로 결정하였다.

"예쁘게 키워서 결혼하여 품을 떠나면 부모님이 많이 섭섭하시겠네."

나는 부모님의 마음도 알고 싶었고 아가씨가 독신주의자에서 갑자기 아들을 만나자고 한 이유도 궁금했다. 나의 질문에 환하게 웃으며 아가씨가 대답했다.

"1~2년 연애하면서 안심을 시켜드리고 결혼하려고요."

"그럼 결혼을 먼저 하고 연애하면 안 될까? 내가 연애하게 해 줄게~"

이런 뜬금없는 공약을 남발하는 내게 아가씨가 걸려들었다.
"아빠도 할 거면 한여름이 되기 전에 하래요."

6월의 마지막 날에 두 가족이 자식의 혼인을 위한 출발선에 서기 전 잠시 담소를 나누고 있었다. 딸을 바라보는 애틋한 사돈을 바라보며 내가 입을 열었다.
"곱게 키운 딸을 아들에게 주셔서 감사합니다. 저는 10년을 연애하며 살도록 기다려 줄게요. 사돈은 제 아들을 5년만 기다려 주세요."
둘이 서로 콩깍지가 쓰여서 둘 외에는 아무도 보이지 않을 거라며 우리가 먼저 봐 주자고 덧붙여 말씀드렸다. 며눌에게도 말했다. 먼저 두 사람이 행복해야 하며, 살면서 힘이 들 때에도 죽을 만큼은 참지 말라고, 지금 이 현장에서도 남편으로서 믿고 살아갈 모습이 보이지 않는다면, 또 그런 생각이 든다면 멈추어 서도 좋다고 말했다. 나는 내가 살아오면서 부족했던 정서를 며눌에게 물려주고 싶지 않았다.

남자와 여자가 결혼하여 서로 한 몸이 되어 살아가는 삶일지라도 어느 한편에서 자신의 정체성을 오롯이 양보해야 한다면 도중에 멈춰야 하는 마찰도 일어날 수 있기에 아들에게도 미리 말해 주었다. 시대도, 생각도, 성숙하게 변화가 되었지만 아직도 전통적인 습관들로 충돌하는 것이 많다. 특히 가정에서는.
내가 어른의 자리에 서게 되면 부모님 세대와 같은 실수를 반복하지 않으리라 다짐하며 살아왔다. 사랑은 내리사랑이라는 것에 소중한 한 표를 건다. 내가 부모에게 받은 것을 부모에게 되돌려 주는 것이 아니라 그들의 아이들에게 자신들이 듣고 배운 대로 가르치고 사회 구성원으로 바르게 자랄 수 있도록 돕는 것이 효도보다 더 우선해야 할 일이라고 나는 생각한다.

좋은 나무는 좋은 열매를 맺는다. 좋은 열매가 어찌 메마른 가지에서 나겠는가? 나는 그것을 내 삶에서 경험했고 실천해 보고 싶었다. 또 아들과 며눌에게 인격적인 독립을 보장해 주고 싶어서 결혼 전에 아들에게 만약에 나와 며눌이 다른 의견으로 토닥거린다면 아들은 반드시 며눌 편에 서야 한다고 말했다. 몇 해 전 내 60회 생일이었다. 커다란 꽃바구니가 배달되어 왔다. 카드를 꺼내어 읽고서 한참을 울었다.

"어머니 사랑합니다. 당신이 걸어온 인생을 존경합니다. 앞으로 살아갈 인생도 응원합니다."

며눌은 내 인생에서 하나님이 주신 또 하나의 복이다. 나의 아들이 한 여자를 사랑하여 행복을 만들어 가고 어른의 책임과 의무를 다하는 일상을 마음의 코앞에서 직관할 수 있음은 익어 가는 삶이 주는 큰 즐거움이다. 아들의 여자로 인하여 할머니가 되었고, 손자와 손녀가 주는 기쁨을 마음껏 누리며 살아가는 나를 부러워하는 이들이 많다. 며눌이 아니었으면 알지 못했을 행복이다.

인생이 왔다

삐쩍 마른 몸에 남산 만한 배를 뒤뚱거리며 걷는 폼이 내가 봐도

우습다. 사람들은 다 배를 보며 아들이라 했지만 나는 딸일 것 같았다. 모두가 아들을 원하지만 예쁜 것과 꾸미기를 좋아하는 나는 딸이었으면 했다. 어머니는 배를 볼 때마다 아들을 낳을 배라고 하시며 이름도 미리 지어 놓으셨다. 남편도 어머니께서 그리 말씀하시면 은근히 기분 좋은 표정으로 나와 눈을 마주치곤 했다. 예정일까지는 아직도 7주나 남아 있었다. 진통이 오기 전에 마지막 점검을 하러 병원을 찾았다. 진료를 받고 의자에 앉았다.

"아기가 거꾸로 앉았네요."

담당 선생님이 웃었다. 나의 표정은 심각해졌지만 선생님은 소문난 베테랑이시라 그런지 여유가 있으시다.

"걱정 안 해도 돼요. 내가 가르쳐 주는 운동만 열심히 하면 괜찮아요."

원래 배 속에 있는 아기는 거꾸로 있어야 정상인데 내 아기는 바른 자세로 있다는 것이다. 매일매일 운동을 해 주면 역아 돌리기가 가능하다며 선생님은 안심을 시켜 주셨다. 그날부터 무릎을 바닥에 대고 엎드린 후에 숨을 내쉬고 등을 둥글게 만들어 주고는 고개를 몸쪽으로 당겨 주는 고양이 자세와 엉덩이 들기 자세를 매일 20분 정도 부지런히 했다.

만약에 정상위치로 돌아오지 않으면 제왕절개를 해야 한다는 말에 겁을 잔뜩 먹었다. 그 시절엔 산모도 보호하고 아기를 위한다는 이상한 핑계로 제왕절개가 잠시 유행하던 시절이었지만 나는 유난히 겁이 많았던 터라 아기가 돌지 않으면 수술을 해야 한다는 것이 내게는 납량 특집 같은 호러로 다가왔다. 무조건 자연 분만이어야 한다고 다짐하며 당당하게 시작한 운동은 맘대로 뜻대로 되지 않았다.

부른 배를 안고 처음해 보는 요가 동작이 쉽지는 않았지만 포기하고 싶을 때마다 수술하는 장면을 떠올리며 하루도 빠뜨리지 않고 배운 대로 열심히 하고서 예정일 3주 전에 병원을 찾았다. 선생님은 아기가 바른 자세로 돌아왔다며 칭찬하시곤 이슬이 비치거나 진통이 시작되면 한밤중에라도 참지 말고 병원으로 오라는 당부를 하셨다.

예정일이 지나고 일주일의 시간이 흘렀는데도 아기는 잘 놀고 여전히 편안했다. 내 맘에는 아기가 조금씩 내려오는 기분이 들었지만 다른 기미가 보이지 않아서 3~4일을 더 기다렸다. 그래도 걱정이 되어서 다시 병원으로 향했으나 초산이라 늦어질 수도 있으니 걱정하지 않아도 된다며 이슬이 비치지 않았으니 조금만 더 기다려 보잔다.

병원에서 돌아온 새벽이었다. 화장실에 가서 소변을 보고 일어나려는데 이슬이 비쳤다. 아침을 기다려 출산 준비물을 들고 병원으로 향했으나 아직 아기가 더 내려오고 진통이 시작되면 오라는 얘기를 하며 다시 돌려보냈다. 그렇게 또 불안한 하루를 보내고 나서야 다음 날 새벽에 진통이 시작되었다.

병원에 도착하여 옷을 갈아입고 분만 준비실로 안내되어 지정된 침대에 누웠다. 팔에는 분만 유도제가 꽂히고 진통은 빨라졌으나 좀처럼 자궁문은 열리지 않았다. 함께 누운 다른 산모들은 분만실로 들어가 아기를 낳고 회복실로 올라가는데도 나는 허리를 잘라내는 듯한 진통과 배가 타들어 가는 듯 쪼이는데도 자궁문은 철옹성이었다. 그렇게 또 하루를 병원에서 밤을 새웠다. 이제는 하늘이 노랗고 눈앞에 아무것도 보이지 않았다. 죽을 수도 있겠다는 두려움과 아기도 무서워 떨고 있겠다는 생각에 마음은 급해졌으나 내가 할 수 있는 더 이상의 노력이 없는 것 같았다.

옆에서 간호사가 숨을 쉬는 방법을 알려 주며 나를 독려하고 있었으나 소용이 없었다. 의사는 양수가 미리 쏟아져 버려서 아기가 메마른 산도를 따라 나오는 것이 어렵다며 그제야 보호자를 찾았으나 남편은 기다리다가 급한 일로 자리를 비운 상태였다.

간호사는 나의 손가락을 가져가 수술 동의서에 지장을 찍고 바로 수술을 해야 한다며 짧은 설명을 덧붙였다. 그때였다. 갑자기 무슨 힘이 났을까? 죽을힘을 다하여 숨을 들이마시고 내쉬기를 반복했다. 수술실로 가려던 준비실이 갑자기 분주해지며 나를 일으켜 세우고 분만실로 옮기려 했다. 분만실로 가는 몇 발자국이 천 리 길이었고, 아기의 머리가 세상에 나온 듯 밑이 무거웠다.

몇 길 절벽보다 높아 보이는 분만대 위를 어떻게 올라갔는지 기억에 없다. 분만대 위에서도 소리 없는 신음으로 고통을 참으며 몇 번의 힘을 더 주었을 것이다. 그러자 몸속에서 뜨거운 무엇이 쑥 빠지는 느낌이 들었고 나의 기억은 그쯤에서 또 멈추어 섰다. 어느 공간으로 이동했다가 어떻게 돌아왔는지 그다음은 기억이 흐릿하다. 분명히 찰나였던 시간이 흘렀고 배 위에서 따뜻한 체온이 느껴졌다.

"딸입니다. 정상입니다."

소리가 메아리처럼 울렸다. (나중에 간호사에게 들은 이야기는 아기를 겸자-분만 기구-로 끄집어냈다고 한다. 그때 머리를 잡힌 자국에는 지금도 머리카락이 나지 않아서 치열했던 전투에서 살아남은 훈장처럼 딸에게 남아 있다.) 그리고 눈을 떠 보니 회복실 침대였고 언제 왔는지 모를 남편이 보였다.

"다시는 아기 안 낳을 거다."

나는 두서도 없는 말을 남편에게 하며 서럽게 울었다.

따뜻한 온돌방으로 옮겨서 맛있게 한잠을 자고 일어나 보니 몸이 가벼웠다. 끝까지 버텨서 자연 분만을 완주한 내가 뿌듯했고, 엄마라는 이름표가 자랑스러웠다.

슬그머니 일어나 신생아실로 갔다. 간호사가 아기를 안고 나와서 나의 품으로 인계해 주었다. 손가락을 세어 보고, 발가락도 만져 보았다. 뽀얗고, 예쁜 아기였다. 방금 전의 고통은 어디론가 사라져 버렸고 오래전부터 본 듯 낯익은 아기가 내 품에 있었다.

인생이 왔다. 인생이 온 것이다. 한 사람의 인생을 마주 보며 나는 설레고 있었다. 아기는 자라서 삶이 되었고 삶은 인생이 되어 소녀에서 여인으로 자라 간다. 그렇게 인생이 되어 가는 과정을 엄마라는 이름으로 함께 울고 함께 웃으며 살아가는 하루가 있기에 행복하고 감사한 오늘을 기꺼이 만나고 있다.

사랑이 머물다 사라지는 노을

늦은 아침이다. 여느 때와 다름없이 팡팡이를 들고 마당으로 나가서, 화단의 나무들과 인사를 나누고 안으로 들어와, 요가 매트를 펼치고 누웠다. 남편이 아점을 챙겨서 맛있게 먹는 모습을 보니 갑자기 배가 고팠다. 후다닥 운동을 마치고 부엌으로 들어서는데 핸드폰이 울린다. 교회 언니다.

"예~ 언니."

"이 권사, 우짜노… B권사님이 천국…"

언니의 목소리가 떨렸다. 핸드폰을 잡은 나의 손과 다리가 후들거려서 풀썩 주저앉아 버렸다.

"언니 어쩌지, 나 때문에, 언니도 못 뵈었네…"

지난주 화요일 언니의 전화를 받았다. B권사님이 건강이 나빠져서 병원에 입원하셨다며 병문안을 가 보자 했다. 권사님은 췌장암 말기 진단을 받으시고 투병 중이셨다. 평소 워낙에 단정하고 깔끔한 분이시라 꿋꿋하게 잘 견디신다는 소식을 전하여 들었고, 코로나도 상한가를 치고 있었던 터라 혹시라도 민폐가 될까 봐 때를 보고 있던 중이었다.

"내일이 내가 쉬는 날이니 이 권사는 어떻노? 은퇴를 하셨지만 우리 권사회에서 병문안을 가면 좋을 것 같아서…"

"예, 언니~ 권사회가 아니라도 혼자라도 가 볼… 내일은 일이 있어서 다음 주에 가요."

내일이 언니와 함께 가기로 약속한 날이었다. 권사회를 맡아 책임을 지고 있는 나는, 면회가 허락되지 않는다고 하였어도 혼자서라도 가 봐야 했었다. 개인적인 친분이 있으니 병원 복도를 서성거렸어야 했다.

그러나 육신의 연약함과 코로나를 핑계 삼아 해야 할 일들을 미루며 나의 일상을 집중했다. 지난해 말에 3개월 시한부 판정을 받았음에도 너무나 당당하게 대처하시는 권사님의 힘을 믿었다. 사실 나는 그러면 안 되는 사람이었다. 늘 다정스레 인사를 건네주셨고 교회 안에서 힘든 일이 있을 때면 늘 내 편이 되어 주셨다. 코로나 균이 무엇이라고 나는 그렇게 도망을 다녔을까?

연약한 신체를 무기 삼아 어렵고 힘든 자리는 피했었다. 나 혼자 살아남으려 열심히 도망을 다녔다. 나의 믿음의 그릇은 너무나 가볍고 얇은 유리잔이다. 코로나로 인하여 일상을 잃어버린 시간들이 아까워 새해를 유난히 기다리며 한 해가 마무리되는 것이 편안했던 지난해 연말이었다.

마음이 무너지는 소식을 전하여 듣고도 권사님의 뜻을 존중하며 기도했다. 죽음 앞에서 초연한 마음과 넉넉한 믿음을 감사했다. 나도 권사님처럼 그렇게 죽음을 맞이하고 싶은 소망을 가지고 있었기에, 믿음의 태도가 멋지고 아름다우신 권사님을 닮고 싶었다. 갱년기를 만나고 육체의 무너짐을 속절없이 당하면서부터 나는 하루를 마감하고 내일을 위하여 잠자리에 들 때면 세상에서의 소풍을 끝내고 돌아가는 그날을 위하여 기도한 후에 잠을 청한다.

"주님, 죽음을 두려워하지 않게 하시고 이 땅에서의 마지막 그날이 가장 아름답게 하소서. 끝 날이 아니라 축제의 첫날이 되게 하시고 부르실 때에 큰 소리로 대답하게 하소서. 오늘 밤도 내 영혼을 주께 맡깁니다. 아멘."

평소에도 밝고 소신이 뚜렷한 분이셨다. 지리산 자락 햇살 좋은 언덕에 사시며 계절마다 나는 약초들을 말리고 데쳐서 좋아하는 이들에게 나누어 주시곤 하셨다. 교회에서도 만나면 먼저 안부를 물어주시고 자녀들도 반듯하게 키워서 한 교회에서 신앙생활을 하는 모습은 내게도 부러운 본이 되어 주셨다.

어느 날 속이 더부룩하고 체한 것 같은 통증이 잦게 찾아오는 게 이상하여 가볍게 병원을 찾았는데 췌장암 말기라는 통보를 받으셨다. 권사님은 집으로 돌아가셔서 아이들을 불러 검사 결과를 이야기하며 함께 울었다고 하셨다. 두어 시간 그렇게 감정을 토하여 내신 후에 말씀하셨다.

"괜찮아 70년을 살았으면 적당히 살았다. 나를 불쌍히 여기지 마라. 최선을 다하여 살았으니 감사하다. 남은 시간도 행복하게 살아내고 싶다."

자녀들에게 슬픈 빛을 띠지 말라 하시고 친한 지인들에게도 예전처럼 대하여 달라고 부탁하셨다. 어느 날 갑자기 내 삶의 모퉁이에서 그렇게 지독한 소리를 듣게 된다면, 나는 나의 삶의 내공으로 마음의 고요와 마주하고 일상의 평정을 유지하며 흔들리지 않는 믿음을 주님께 드릴 수 있을까? 도대체 얼마만큼의 깊은 내공이 있어야 인생 70년을 두어 시간으로 정리될 수 있는지 권사님께 물어보고 싶었다.

그러나 정작 나는 교회 복도에서 마주칠 때면 시선을 피했다. 눈을 마주 볼 수가 없었다. 나는 겁쟁이였다. 매일 밤 기도로 내 영혼을 주님께 맡긴 나의 믿음은 종이 한 장보다도 가벼웠다. 권사님은 자녀에게 삶의 현장 너머에 있는 소망을 보여 주셨고 인생을 살아가는 여정에서 예기치 않는 상황이나 어려움을 만나게 될 때에 어떻게 받아들이고 수용해야 하는지 몸소 실천해 주셨다. 내 안에 있는 나의 소망과 바람을 행동으로 보여 주셨다. 자녀들에게도 가장 좋은 유산을 남겨 주셨다. 이제는 인생이 오는 이야기보다 가는 인생을 더 많이 듣는 계절에 섰다. 삶이 익어 갈수록 삶의 무게를 가볍게 지는 지혜를 누려야 하고 살아온 길의 후회와 아쉬움과 불평의 시간들을 망각의 강에 무심히 내려놓는 너그러운 마음을 일부러라도 가져야 한다.

아무도 두 번 살 수 없는 인생이기에 살아온 시간들을 비워 내고 살아갈 시간들을 채우는 것에 성실해야 하는 것을 나는 오늘도 배웠다. 지금 내 삶에 허락된 이 시간이 가장 귀하고 아름다운 시간이며 사랑이 부족했다면 지금 해야 하고, 용서해야 할 사람이 있다면 지금이 기회라고, 소풍을 끝낸 권사님이 내게 조용히 들려주신다.

마지막까지 최선을 다하여 자신의 삶을 사랑한 인생 앞에 서서 나는 예의를 다하여 작별을 고하고 왔다. 삶의 어떤 상황에서도 흔들림 없이 자신을 비우고 남은 시간을 사랑하며 살다 가신 어머니를 보낸 아들의 담담한 사랑도 보았다.

"기도하여 주셔서 감사합니다. 남은 시간 평안하게 지내시다가 고통 없이 가셨어요. 감사합니다."

평소에도 듬직한 아들은 노을을 품은 산처럼 따뜻했다. 마지막까지 자신을 태우고 서산으로 사라지는 해를 옆에서 지켜보며 어느 순간보다 아름다웠다고 말하는 아들의 고백은 나의 마음속에 깊은 호수가 되어 오래도록 찰랑거릴 것이다.

창조주의 순리와 질서를 거스르지 않고 순종하는 삶이야말로 사랑의 실체이다. 나의 소풍도 현장 너머에 있는 영원한 시간을 향하여, 사랑이 머물다 사라지는 노을이 되기를 간절히 기도한다.

나도 아는 마음

모두가 기다린 봄비가 내린다. 비를 맞은 아젤리아의 미소는 백만 불짜리다. 장미 같기도, 카네이션 같기도 한 아젤리아는, 진달랫과이지만 꽃잎의 우아함이 단단하여 오래도록 화단의 품격을 높여 주고 보는 이의 마음도 드레스 자락이 넘실거리는 중세 시대로 날아가게 한다. 어제저녁 무렵에 핸드폰이 울렸다.

"응~"

짧게 한마디 '응'이라고 전화를 받았는데 기가 막히게 처진 목소리를 알아듣고는

"어머니 아프세요?"라고 묻는다.

"괜찮아~ 가벼운 몸살인가 보다."

이런저런 안부로 며눌과 통화를 하고서 5월 3일 내려가 찾아뵙겠다며 전화를 끊었다. 며눌의 눈치 빠른 모습이 가끔은 안쓰럽다. 독신으로 살고 싶은 마음을 아들로 인하여 바꾸고, 나처럼 허니문 베이비로 손자를 낳아 기르며, 신혼도 없이 어른이 된 것 같아서, 미안하고도 고맙다.

아들 부부가 대전에서 결혼 생활을 시작하고 손자와 함께 살아가던 봄날이었다. 며눌의 전화다. 혹시라도 손자에게 이상이 생긴 것은 아닌가 싶어서 얼른 전화를 받았다.

"어머니~"

"응, 왜?"

며눌이 한참을 뜸을 들이더니 이어서 말했다.

"어머니~ 남편이 행복하지 않은 것 같아요."

"왜?"

며늘은 아들이 직장에서 매일 술과 함께 새벽에 들어오고, 상사가 음주 운전도 시킨다며, 아들이 너무 힘들어한다는 이야기를 전하며 하염없이 울었다. 나는 며늘의 울음을 다독이고 생각해 보자며 전화를 끊었다.

생각지도 않았던 임신이 되어 그것을 받아들이기도 힘든 며늘은 4~5차례 병원 신세를 지기도 했지만 그래도 건강한 손자를 낳았다. 손자는 마지막까지 몸무게가 늘지 않아서 병원에서도 걱정을 했으나, 인큐베이터 신세를 지지 않아도 될 만큼의 무게를 가지고 세상에 나와 주었다. 갑작스러운 결혼으로 엄마가 되리란 깊은 생각을 해 볼 겨를도 없이 며늘도 나처럼 자신도 모르는 사이에 또 엄마가 되고, 어른이 되어 버렸다. 조금씩이라도 현실을 받아들이려고 며늘은 부지런히 노력하였을 것이다.

아들이 행복한 직장 생활을 변함없이 유지했다면 며늘은 손자로 인한 아픔을 겪지 않아도 되었을 것이다. 결단을 내려야만 했다. 나도 처음 해 보는 선택이라 마음이 흔들렸지만 남편을 설득했다. 아직 나이가 청춘이니 잠시 쉬어 가는 시간을 가지고 천천히 미래를 생각해 보자며 아들 부부에게 대전에 있는 짐을 싸 들고 집으로 내려오라며 우리의 뜻을 전했다.

아들은 성품이 유순하여 어른의 말을 거절하지 못한다. 주말도 없이 불려 나가 먹지도 못하는 술을 마셨다. 함께 입사했던 동료가 술로 인하여 생명을 저버리는 참사까지 지켜봐야 했다. 아들의 정서는 피폐해지고 자존감은 바닥을 기었다. 군대에서도 아들은 함께 근무했던 친구의 죽음을 보았던 터였다. 일단은 아들과 며늘의 정신적 안정을 찾아주는 것이 우선이라고 생각했다.

결혼 생활을 시작하며 부부가 먼저 서로에게 적응하고 안정이 된 후에 임신을 하고 아이를 낳았으면, 아들 부부에게도 여유가 생겼을 터인데, 하는 마음이 들었지만 이내 머리를 흔들었다. 삶에서, 인생에서 만약이란 없다는 사실을 나는 안다. 그렇다면 무조건 받아들이는 수밖에 없는 것이다.

내가 아는 마음을 며늘도 겪고 있다는 현실이 아팠다. 나를 닮은 것 같아서 더 안타까웠다. 그 후, 아들 부부와 친정엄마와 우리 부부는 한 지붕 세 가족 살림이 시작되었다. 그즈음 나의 몸도 갱년기와 사투를 벌이며 힘겹게 마지막 언덕을 오르고 있었다. 어쩌면 숨쉴 틈 없었던 빡빡한 생활이 오히려 나를 지켜 주고 버티게 했을지도 모른다는 생각이 들면서, 요즘 다시 그 시간들을 돌아다보면 고마운 마음이 많다. 손자는 아들을 닮은 키에 삐쩍 마른 몸으로 갈비뼈가 확연히 드러나 있었다. 그러나 신체에 이상이 없는 건강한 몸이라, 세상에 나온 첫날부터 먹을 것을 찾았고, 먹는 대로 몸이 튼튼해졌다. 며늘은 곧 둘째도 임신하였고 손녀를 낳았다.

당시에는 며늘도 나도 힘들었지만 우리는 서로에게 의지하여 잘 살아 내고 있었다. 가끔 손주들의 왕할머니인 친정엄마가 무엇이든지 다 해 주려 하셔서 내가 엄마를 말리는 것 외엔 별다른 트러블도 없었다. 엄마는 며눌과 나를 보며 "시어머니가 며느리를 낳는다."는 옛말을 말씀하시며 우리의 사이를, 내가 며늘을 예뻐하는 모습을 부러워하기도 하셨다.

그러던 어느 날이었다. 나는 그때까지 아들 부부가 살고 있는 2층

집에 올라가서 시간을 보낸 적이 없다. 저녁은 다 모여서 함께 먹고 있었고, 낮에는 며늘이 내려와서 머무는 적이 많았기에 굳이 올라갈 이유가 없었다. 그날은 무슨 이유로 올라갔었는지 정확한 기억이 없으나 아무튼 아들의 집 현관문을 들어서며 깜짝 놀랐다. 온 집 안이 컴컴했다. 창문마다 암막 커튼이 쳐져 있었다. 나는 집으로 급히 내려와서 며늘에게 친정에 가서 천천히 쉬었다가 오라고 말했다.

아직 존재하지 않은 내일

이틀 전 며늘은 어린이집에 손자를 보낸 후에 손녀를 업고 현관문을 들어서더니 수요일쯤 친정에 가서 며칠 쉬었다가 오겠다는 말을 했다. 내가 가끔 친정에 가서 쉬었다가 오라고 해도 괜찮다는 며늘이었기에 스스로 친정에 가서 쉬다가 오겠다니 두 팔을 벌려 환영할 일이라 흔쾌히 그러라고 대답했다.

내일이면 며늘이 친정에 가는 날이었다. 며늘은 어제도 손자가 어린이집에서 돌아와 씻고 바로 잠이 들어 새벽 2시에 일어나 아침까지 놀았다며, 눈은 맹하게 풀렸고 얼굴은 피곤에 절어 있었다. 나는 등에 매달려 있는 손녀를 받아서 안고는 며늘에게 방에 들어가서 쉬라고 말하곤 아기 띠로 손녀를 단단히 업고서 2층으로 올라갔다.

현관문의 번호를 눌러 문을 여니 밝은 대낮에 컴컴한 어둠이 쏟아져 내렸다. 유난히 밝은 것을 좋아하고 칙칙한 어둠을 싫어하는 나는 숨이 턱에 걸려 안으로 발을 뗄 수가 없었다. 답답해지는 가슴을 진정시키며 후들거리는 다리를 붙들고 간신히 집으로 내려와 며늘을 불렀다. 놀라서 나오는 며늘에게 말했다.

“친정 가라~ 엄마랑 맛있는 것도 먹고 편히 쉬었다가 오이라.”

놀란 눈으로 며늘은 대답했다.

“엄마에게 내일 간다고 했어요. 튼이도 데리고 가야 하고….”

“아니야, 튼이와 예삐는 두고 가라. 혼자 가서 편하게 쉬고 오이라~”

며늘은 나를 물끄러미 쳐다보더니 집으로 올라가서 짐을 챙겨서 내려왔다. 나는 며늘을 안아 주며 아무 걱정 말고 엄마랑 여행도 하고 친구도 만나서 좋은 시간 보내고 오라며 마음을 다독여 주었다.

며늘의 차가 사라지는 것을 보고 들어와 사돈에게 전화를 걸며 며눌의 마음이 아픈 것 같아서 집으로 보냈으니 편안하게 쉬게 해 주고 병원에도 데려가 달라고 부탁을 드렸다. 독신주의자였던 며눌은 결혼을 하고서 아직 생활에 적응할 겨를도 없이 손자와 손녀를 연이어 낳았다. 몸도 마음도 피폐해져 산후 우울증을 만난 것 같았다.

성품이 고운 아이라 좋게 받아들이고 버티려 했겠지만 삶이 그리 만만한 것이 아니었기에 많이 버거웠을 것이다. 나도 그랬기에 천 번 만 번 며눌이 이해가 되었다. 며눌의 외로움과 아픔이 보였다. 어린이집에서 돌아올 손자가 받을 충격에 대하여는 생각을 할 겨를이 없이 며눌을 쉬게 해 주고 싶은 마음이 간절했다. 다시 그때로 돌아간다 하여도 여전히 며눌의 마음만 보았을 것이다.

며눌을 보내고 2층으로 올라가서 커튼을 젖히고 창문에 붙어 있는 암막 시트지를 떼어 내었다. 창문을 활짝 열고 한여름 뙤약볕에 달구어진 후텁지근한 바람을 불러들였다. 집 안을 서성거리며 며눌의 마음을 휘젓고 다닌 어둠을 한 줌도 남김없이 다 몰아내고 싶었다.

어린이집에서 돌아온 손자가 이 어둠에 치였을 생각을 하니 마음이 아팠다. 아직도 아기인 손자가 일찍 동생을 보았기에 어쩔 수 없는 선택이었고, 나도 체력의 여유가 없었기에 불가항력이었다. 엄마의 손길이 고픈 손자는 집으로 돌아오면 잠으로 빠져들었을 것이다. 그렇게 손자의 허기를 달래 준 잠에서 깨어나면 엄마와 놀아야 하는 것이 손자의 삶이었다.

물론 자신의 선택이었지만 며눌은 어른들의 성화(?)에 결혼을 서둘렀다. 자신의 인생이 스스로 제어하지 못하는 속도로 날아가는 것을 보며 적잖이 당황스러웠을 것이다. 더군다나 신혼에 남편으로 인하여 시댁으로 들어와 살게 될 줄은 꿈에도 몰랐을 테다. 나는 예상하지 않았던 현실을 이해해 주는 며눌이 마냥 고맙고 기특했다. 우리 시대의 어머니처럼 강요하지는 않았지만 시대와 문화가 다르니 나의 배려도 한계가 있던 것 같다. 나 또한 인생은 그렇게 살아 내는 것이라고, 나도 그렇게 익숙해졌노라고, 마음속으로 당연히 여기며 이만하면 어른노릇을 잘하고 있다고 스스로 만족하고 있었을지도 모를 일이다.

아무튼 나는 손자가 어린이집에서 돌아오기 전에 서둘러 정리하고 싶었다. 시계를 보고 손자가 도착할 시간이 되었기에 방 청소의 마무리를 미루고 집 앞에 나가 서서 버스가 도착하기를 기다렸다. 손자가 탄 어린이집 차가 내 앞에서 멈췄다. 선생님이 차 문을 열자, 순간 손자의 눈과 나의 눈이 마주쳤다. 나는 환하게 웃으며 통통 튀는 목소리로 손자의 이름을 불렀으나 이미 손자의 얼굴은 일그러져 있었다. 선생님이 안아서 내리려 하였으나 손자는 완강하게 거부하며 벌렁 드러누워 버렸다.

예상치 않은 손자의 반응에 나도 선생님도 당황했으나 어쩔 수가 없었다. 버스가 잠시라도 멈추어 서서 손자가 상황을 파악할 때까지 기다려 주면 좋으련만 그럴 여유가 없었기에 나는 반강제로 손자를 안아서 내렸고 버스는 떠났다. 떠나는 버스를 보며 울음을 터트렸으나 집으로 들어와서 달래야 했다.

손자를 안고 집으로 들어온 나는 손자가 좋아하는 간식으로 유혹하여 겨우 21개월 된 아기에게 엄마가 없는 이유를 설명해 주었다. 간식에 마음을 빼앗긴 손자는 엄마의 존재를 잠시 잊는 듯했으나 날이 갈수록 짜증도 늘고 말수도 줄었다. 나도 손자 앞에서 며눌의 이야기를 하지 않았고 '엄마'라는 단어를 일부러 말하지 않았다.

며눌이 친정에서 제대로 쉬고 회복하여 오기를 바라는 마음이었기에 전화가 와도 며눌의 목소리를 아이들에게 들려주지 않았다. 며눌에게도 부담이 될 것 같았고 손자, 손녀에게도 엄마의 목소리를 들려주는 것이 고문이 될 것 같았다.

다행히 손주들에게 왕할머니(친정엄마)가 계셨기에 겉으로 보기에는 별 탈이 없어 보였다. 나의 친정엄마인 왕할머니의 눈에는 증손주가 반짝이는 보석이었고 벗이었다. 할 수만 있다면 대신 살아 주고 싶을 만큼 모든 것을 다해 주고 싶어 하셨다. 손자가 가지고 노는 장난감이 왕할머니 눈에 조금이라도 위험해 보이거나, 오랫동안 가지고 놀면 얼른 다른 것으로 바꾸어 주고, 딱딱한 과자는 입으로 녹여서 살짝 넣어 주며 손자가 놀이를 선택하기 전에 왕할머니는 늘 준비하고 계셨다.

가끔 엄마더러 그러지 마시라고 하면 많이 섭섭해하셨다. 아기의 발달 과정에서 넘어져 아프기도 하고, 마음대로 되지 않아서 억지를 내는 것이 당연한 일임에도 왕할머니는 증손주가 아프고 실패할 수 있는 현장은 다 치워 버리셨다.

우리가 손자의 인생을 다 살아 줄 수가 없고 넘어지고 일어나는 것도 스스로 경험하면서 자라는 시기이다. 그래야만 관절도 튼튼해지고 집 안에서의 생활은 모두가 함께 보고 있으니 괜찮다고 엄마에게 말해 보지만 왕할머니의 사랑을 누가 이길 수가 있겠는가?

그러나 엄마 덕분에 안심하고 며늘을 친정에 보낼 수 있어 감사함이 더 컸다. 내 눈엔 왕할머니의 사랑이 지나치고 위험해 보였으나, 손자는 엄마가 없는 불안한 시간이 왕할머니의 사랑으로 채워져 위로가 되었을 테다. 며늘은 친정에서 한 달을 쉬고서 밝은 모습으로 귀환했다. 나는 모든 것이 정상으로 돌아와서 감사했고, 가족들도 아무 일이 없었던 듯 평화를 되찾았다. 며늘은 많이 단단해졌고, 손주들을 위한 나의 손도 조금씩 가벼워졌다.

그런데 어느 날엔가 손자의 눈이 다른 곳을 향하며 몸으로 원하는 것을 말하고 있었다. 일부러 이름을 부르며 다가가 보았지만 소리가 나는 곳에서 눈이 멈추지 않았고, 원하는 것이 이루어지지 않으면 행동으로 표현하는 횟수가 더 많아졌다. 말문이 이미 터졌기에 말하는 단어 수가 늘어나야 하는데도 '엄마'와 '아빠'란 말도 하지 않고 있음도 깨달았다. 손자는 하루에 턱받이를 5~6개씩 갈아야 할 정도로 침만 흘리며 모든 소리를 멈추어 버렸다. 그제야 손자의 정서에 문제가 생겼다는 것을 직감했다. 스스로 책을 가지고 와서 읽어 달라고 말하기도 했지만 내 마음엔 불안함이 서성거렸다.

그렇다고 며늘에게 내 생각을 일방적으로 말할 수가 없었다. 며늘의 아픔은 내가 도울 수가 있고 나눌 수도 있지만, 손주는 그들의 책임이었고 예민한 부분이었기에 아들 부부가 스스로 손자의 상태를 발견하여 의논해 주기를 기다려야만 했다. 모든 것이 나의 잘못인 것만 같은 초조함과 불안함이 깊어져 갔으나 빨강 머리 앤의 말처럼 실수가 존재하지 않은 내일이 내게 있기를 간절히 기도하는 것으로 나를 다스려야 했다.

"실수가 아직 존재하지 않은 내일이 나에게 있다는 게 얼마나 멋진 일인지…"

아들의 눈물

시간은 한 치의 오차도 없이 정직하게 흐른다. 며늘이 손녀를 낳고 육아에 지친 몸과 마음을 친정에서 한 달가량 쉬었다 온 후였다. 빠른 속도로 일상이 회복되어 갔기에 대가족의 먹거리를 책임지던 나도 별다른 동요 없이 평화를 찾았고 긴장의 끈을 풀고 안정을 찾아갔다.

이른 아침부터 오후까지 어린이집에서 시간을 보내는 손자가 안타깝지만 아들 부부의 결정을 존중했다. 그즈음에 아들은 공무원 시험을 준비하고 있었고, 나의 체력도 바닥을 기고 있었다. 손자가 어린이집에서 돌아오면 집으로 데리고 들어와서 간식을 챙겨 주고 시간이 되면 함께 저녁을 먹는 것으로 나의 역할은 끝이 났다. 소리를 내지 않고 행동으로만 의사를 표현하는 손자가 걱정은 되었지만 나의 마음을 도리질하며 애써서 내려놓으려 노력하였다.

시간은 흘러서 새해를 맞이했고 봄은 어느새 사라져 버렸다. 그 자리를 여름이 당당하게 꿰차고 문을 열어젖히며 초록으로 단장하여 사람들을 산과 바다로 유혹하고 있었다. 친정아버지가 가신 후 엄마를 모시며 행복하게 살고 싶었다. 무엇보다 끝까지 함께하고 싶었다. 인생에서 관계의 일방통행로는 없는 것 같다. 이러한 이치는 삶을 통하여서 배운 나의 지혜다. 6년을 구르던 바퀴가 나의 마음을 멈추어 세웠다.

장남인 오빠에게로 엄마는 가시고, 아들도 여러 가지 진로를 두고 고민을 하더니 시험을 포기하고 새 직장을 구하였다. 아들이 먼저 직장을 따라 올라가고 며눌은 집이 구해지는 대로 짐을 싸서 아들과 합치기로 했다.

아들이 직장을 얻어서 떠난 후에 며눌과 시간을 함께하는 일이 많아졌다. 우리 모두에게 부담이 되었던 아들의 사표가 2년의 쉼표를 끝내고, 다시 시작했다는 것만으로도 일상의 고단함을 풀어 주는 훈풍이 되었다. 곧 아들의 직장과 가까운 곳에 집이 구하여지고 며눌의 이사 날짜도 정해졌다.

"이사 갈 때 예삐는 두고 가라. 곧 추석이니 우리가 올라갈게~ 짐 정리하고 안정이 되면 튼이 데리고 병원 가서 상담부터 받아 보면…"

나는 며늘과 점심을 먹으며 조심스레 말했다. 혹여라도 며늘에게 상처가 될 것 같아서 꺼내지 못했던 마음을 가볍게 아무 일도 아닌 것처럼 무심히 뱉었다. 그러잖아도 며늘도 걱정이 되어 병원을 다녀왔다고 하며 아직은 어려서 시간의 여유가 있으니 진단이 되면 치료 과정에서 많은 시간이 필요하다며 이사 가서 제대로 상담하고 치료 받는 것이 좋다는 얘기를 들었단다. 며늘과 손자를 아들에게로 올려 보내고 나는 손녀와 귀한 시간을 가졌다.

큰 눈을 소원하는 할미 마음을 알았는지 안사돈을 닮은 예쁜 눈에다 야무지고 영리하다. 건강하게 태어나 준 것만으로도 고맙고 감사한데 모든 몸짓이 나를 유쾌하게 하는 마력을 지녔다. 지금까지도 오빠에게 밀려나는 서러움(?)을 받고 있으나 조금도 기죽지 않고 앵두 같은 입으로 자기 생각을 당당하게 말하는 모습이 내게는 예쁘고 사랑스럽다. 지난해 추석에 손녀를 데리고 자며 물었다.

"예삐는 어찌 이렇게 예쁘게 생겼을꼬~ 예삐는 어느 별에서 왔을까?"

"할미별에서 왔쪄."

큰 눈을 반짝인다. 행복이 별건가. 일상에서 찾아오는 작은 감사를 누리려는 마음이 있다면 내일을 기대하는 또 다른 평안을 만날 수 있지 않을까? 손녀는 집으로 돌아가는 날 그 큰 눈에 수정 같은 눈물을 보이며 또 하나의 행복을 심어 주고 떠났다.

"할미~ 우리는 가족이잖아~ 예삐 또 올 거야~"

며늘이 손자와 함께 떠나고 한 달이 넘어서 손녀를 데리고 역귀성을 했다. 오랜만에 본 손자는 많이 똘똘해져 있었다. 하룻밤을 보내고 아들 가족과 수목원 나들이를 다녀온 후 아들이 손자와 손녀를 씻기기 위하여 욕실로 들어갔다.

며늘과 단둘이 마주하고 앉았다. 잠시의 침묵이 흐르고 며늘이 말을 꺼냈다. 병원에서 상담과 검사를 받은 대로 종합해 보면 튼이는 정서적 불안정과 의지력이 부족하다고 했다. 대가족에게서 자주 보이는 증세라고 했다. 아기가 스스로 하기 전에 어른들이 미리 문제들을 해결해 주다 보니 아기들 입장에서는 해야 할 이유를 찾지 못한다는 것이다. 며늘의 이야기는 거기까지였고 나도 더 이상은 묻지 않았다.

다행히도 튼이는 36개월 전에 발견(34개월)이 되었고 여동생이 있는 것도 튼이에게 긍정적인 효과를 줄 것이라며 전문가 선생님의 상담과 도움을 받는다면 걱정하지 않아도 된다고 며늘도 애써 밝게 웃어 주었다. 이틀 밤을 아들 가족과 함께 지내고 집으로 내려왔다. 내가 도와줄 일이 무엇인지 찾아보기도 하고 사위인 파 서방에게 물어보기도 하였다.

사위는 심리학(특수 아동)을 공부했다. 손자의 동영상을 본 사위는 병원에서 받는 상담과 함께 인지 능력과 언어 능력을 키워 주는 전문가 선생님을 집으로 모셔서 놀이를 통하여 손자의 자존감을 키워 주는 것도 좋은 방법이 될 것 같다는 조언을 해 주었다. 성큼성큼 앞서가려는 마음을 절제하며 며늘의 전화를 기다렸다. 내가 며늘에게 해 줄 수 있는 최선의 마음은 기다려 주는 것이었다. 나는 이미 며늘에게 말했다.

"니 새끼는 니가 키워~ 나는 내 새끼인 너를 위하여 무엇이든지 할게. 니가 쉬고 싶을 때에 내 도움이 필요하다면 언제든지 말해라~ 그럼 내가 뛰어서라도 갈게."

그리고 집으로 오시는 선생님의 수강료의 반을 내가 감당해 주겠다고 약속했다. 며늘에게서 전화가 왔다. 2주 전에 선생님을 구했고 손자와의 만남을 시작하였단다. 튼이를 본 선생님은 이제 세 돌을 지났으니 초등학교 입학 전까지 부지런히 가다 보면 좋은 결과를 보게 될 것이라는 긍정적인 말씀을 하셨단다. 그렇게 치료와 상담이 시작되었고 며늘은 열심히 최선을 다하여 손자를 돌봤다.

아들은 회사에서 해외 영업 파트를 맡아 두 달에 한 번씩은 2주간의 출장을 간다. 처음엔 아들의 잦은 출장이 손자에게 좋지 못한 영향을 미치게 되지 않을까 염려했었다. 그런데 의외로 손자는 좋은 효과를 보았다. 정서적 불안과 분리 불안의 원인이 되었던 엄마와의 작별을 만회할 시간이 손자에게 주어졌고 오롯이 자기 편인 선생님의 방문은 위로가 되어 안정을 가져다주었다.

그러나 며늘은 혼자서 무거운 짐을 지고 버티어 내어야만 했다. 그 과정의 외로움을 나는 짐작만 할 뿐이다. 일 년에 두 번, 짧은 만남에서 우리는 서로의 속내를 보이지 않으려 노력했다. 아들도 며늘도 느긋하고 느린 성품이다. 그들의 서두르지 않는 성품이 손자의 정서적 불안을 받아 주고 기다려 주는 데 큰 몫을 했다는 것을 나는 안다. 이제는 사진에 찍힌 눈의 초점도 뚜렷하다. 물론 또래에 비하여서 느리고 부족한 것도 있지만 그만하면 되었다. 치료를 시작한 지 만 2년 만에 손자의 정서적 불안과 나약했던 의지가 정상으로 회복되었다.

한순간의 방심으로 시기를 놓쳤다면 전반적 발달장애라는 이름인 자폐증으로 손자는 살아가야 했을 것이다. 연약한 자식을 바라보는 부모의 심중을 보았고 느꼈기에 나는 아들과 며늘이 더 측은했었다. 아들도 비행기로 하룻길을 오가는 출장에서 육아의 수고와 무거운 책임을 며늘에게 혼자 지게 하는 것 같아서 늘 마음이 미안했을 터이다. 병원에서 손자의 정서적 안정이 정상이라는 소리를 듣고 아들 가족이 금의환향을 하였다. 내게는 그 어떤 비단옷보다도 아들과 며늘이 견뎌 준 시간이 곱다. 내가 자려고 누워 있는 방으로 아들이 들어오더니 내 옆에 누웠다.

"어머니 감사해요. 평범하게 낳아 주시고 평범하게 키워 주셔서 감사해요."

아들이 눈물을 훔쳤다. 나도 흐르는 눈물을 닦았다.

이제는 괜찮아

부모님을 따라 도시로 옮겨 온 나는 정서적 안정을 찾아갔다. 학교에서 돌아오면 바쁜 농사철을 제외하고는 엄마가 집에 계신 날이 많았고, 대문만 나서면 친구들이 있었다. 좁은 골목에서 공기놀이, 술래잡기, 고무줄놀이를 하며 시간 가는 줄도 모르고 놀았다.

그 시절의 아버지와 엄마에 대하여 남아 있는 기억은 별로 없다. 나는 2남 3녀의 자녀 중에서 넷째이고, 막내로 남동생이 있었기에 나는 언니들과 늘 함께였다. 부모님에게도 특별한 존재감은 없었다. 학교에서 돌아오면 친구네 집을 돌아다녔고, 저녁 무렵에야 집으로 들어와, 배를 채우고 잠이 들면, 아침이 되는 평범한 하루하루를 보냈다.

싸울 줄도 모르고, 트집 잡는 일도 없었으니, 친구들과는 사이좋게 잘 지낸 모양이다. 그날도 학교에서 돌아와 가방을 내려놓고 밖으로 나가려다가 부엌에서 나오는 엄마를 발견하고 반갑게 다가갔다. 들고 다니는 책가방의 끈을 보여 주며 끈이 떨어질 것 같으니 무조건 새 가방을 사 달라고 말하며 투덜거렸다. 엄마는 가방끈에다가 몽당연필을 끼워 주며 조금 더 사용하라고 하시곤 다시 부엌으로 들어가셨다.

내가 들고 다니는 가방은 사각형으로 네모진 통으로 된 가방이었으나 친구들의 가방은 중간에 지퍼도 있고 가방 양쪽에 소공녀 같은 예쁜 그림이 화려하게 그려져 있는 가방을 들고 다녔다. 볼 때마다 친구의 가방이 부러워서 쳐다보고 만져 보고 열어 보곤 하였었다. 이 기회를 놓치면 언제 올지를 몰랐기에 엄마를 따라 부엌으로 들어갔다. 지금에서야 생각해 보면 감각이 탁월하지는 않았지만 어릴 때부터 시각적인 예민함이 있었나 보다.

그때는 집집마다 언니들의 옷을 물려받아 입던 시절이었다. 유년 시절 유난히 왜소했던 나는 언니의 옷을 받아 입을 때면 소매나 바지 자락을 둘둘 말아 걷어 올려서 입어야 했다. 특히 치마는 키가 작은 나에겐 마당을 쓸고 다닐 정도였다. 그럴 때면 엄마 몰래 바늘과 실을 들고나와 한쪽 모퉁이에 앉아서 단을 올려서 입곤 했다.

새 학년으로 올라가자 하늘색 팬티형 타이즈를 엄마가 사 주셨다. 생활에 필요한 모든 용품이 귀한 시절이었고 무조건 큰 사이즈를 사서 오래도록 입고 신어야 했으니 나의 것이었지만 언니들과 함께 사용하라는 엄마의 마음이 숨어 있었을 것이다.

다음 날 학교에 갈 때 신고 가고 싶은 마음에 미리 신어 보았더니, 길기도 하고 흘러내리기도 하여 도저히 신을 수가 없었다. 그때 좋은 묘안이 떠올랐다. 나는 친구들과 고무줄놀이를 하던 고무줄을 잘라서 허벅지에 묶고 다녔었다. 하루 종일 묶여 있던 허벅지를 집으로 돌아와서 고무줄을 풀어 주면 가장자리가 부풀어 올라서 따갑고 가려웠지만 다음 날도 여전히 그리하고 다녔다.

아무튼 엄마가 가방을 수선해서 주면 군말 없이 "예" 했어야 했는데 오빠한테 딱 걸렸다. 나보다 일곱 살이 많은 오빠는 고등학생이었고 오빠의 방은 따로 있었기에 오빠와는 부딪칠 일은 거의 없었다. 그날은 엄마에게 말대답을 한다며 오빠는 나를 방으로 불러서 무차별적으로 폭력을 가했다.

얼마나 맞았을까? 생각하고 싶지는 않지만, 그날 엄마는 오빠로부터 나를 구하여 내었는지, 오빠를 나무랐는지 물어보지 못했다. 엄마가 부엌에서 뛰어나와 바로 오빠로부터 나를 구하여 냈더라면, 나는 더 이상의 폭력에는 노출되지 않았을 것이다.

특히 악한 행동은 현장에서 바로 멈추어 서게 해야 한다. 누군가가 용인해 주면 해도 되는 것인 줄 알고 죄의식이 사라져 버린다. 그렇기에 바로 시행했어야 했다.

어른이 되고서 세상을 바라보니 그때에는 보이지 않았던 섬세한 부분들이 보이기 시작했다. 아이는 절대로 시간을 건너뛰어 어른이 되지 않는다. 모든 시간을 고스란히 받아들이고 수용해야만 한다. 그래서 어른은 아이의 거울이다. 아이들은 보고 배운 대로 자란다. 아이도 자신의 의사와 관계없이 받은 악한 유전자를 끊어 내기 위한 몸부림을 쳐야 하고, 끊임없이 올라오는, 악의 뿌리와 타협하고 싶은 마음을 걸러 내어야 한다.

그러므로 참된 어른이 되려면 힘써서 노력해야 한다. 그러나 나 또한 나의 아이들에게 실수하고, 실패한 부분들이 부지기수다. 세상은 말처럼 호락호락하지가 않다.

어른이 되면 힘으로 몰아붙이는 행동을 절대로 묵과하지 않으리라 다짐하고 살았으나 나와의 약속을 얼마나 지켰는지… 실수를 깨달아 알게 되면 반드시 현장에서 인정하고 사과하는 어른이 되리라 다짐은 했지만 얼마큼이나 책임을 지며 살아왔을까 부끄러움이 앞선다.

오빠의 폭력은 오빠가 대학을 졸업하고 서울로 떠나며 방황을 멈추던 그날까지 이어졌다. 나는 양 볼이 시퍼렇게 멍이 들어 학교를 가기도 했고, 다리를 절뚝거리며 학교에 가기도 했다. 오빠가 집에 있는 날에는 숨소리조차 내지 않으려 노력했다. 오빠가 부르면 나는 경기를 일으킬 정도였다. 그러나 엄마는 그저 형제간의 다툼 정도로 생각했었는지 그날 이후에도 여전히 나를 보호해 준 적이 없다. 엄마에게 원망과 불평을 하고도 싶었으나 어떤 말도 하지 않았다. 온몸이 퉁퉁 부어도 끙끙거리며 밤을 새우고는, 아무렇지도 않은 듯이 등교를 했다. 학교에 가면 친구들이 몰려와 걱정으로 물어봐 주는 것도 내게는 2차 가해였으나, 방법은 아무것도 없었다.

나의 사춘기는 오빠 때문에 소리도 흔적도 없이 서럽게 지나갔다. 아버지가 먼저 천국으로 가시고 엄마를 모시고 함께 살게 되었다. 2~3년 엄마와 살던 어느 날 문득 물었다.

"엄마 왜? 한 번도 오빠에게서 나를 구해 주지 않았어?"

엄마는 잠시의 머뭇거림도 없이 짧은 한마디로 매듭을 지으셨다.

"내는 몰랐다."

사실 따지고 싶고, 원인을 알고 싶어서 한 질문이 아니었다. 그냥 토닥이며 "미안해 힘들었지? 고마워." 하시면 족한 물음이었다.

엄마도 떠나셨기에 내가 나에게 이제야 답을 한다.

"고마워 애썼다. 이제는 괜찮아~" 토닥토닥.

뜨겁게 사랑하며 살아가는

그날도 오늘처럼 봄이 무르익었었다. 봄은 겨울을 밀어내는 지루함을 견딘 후엔, 펑크 난 타이어의 바람이 빠져 사라지듯 소리 없이

질주하는 마력을 가지고 있다. 가지를 뚫고 나오는 몽우리의 고통을 빼고 나면 꽃이 피는 시간은 참으로 단순하고 가볍다. 몽우리가 맺히기까지의 시간은 마치 영원할 것 같은 적막함으로 봄을 기다리는 마음을 속절없이 떨리게도 하지만 꽃이 피고 지는 시간의 거리는 눈과 코의 거리만큼 짧다.

봄은 그렇게 아낌없이 주고서 무심히 떠나 버린다. 마음이 느린 이가 봄의 속도를 따라잡지 못함은 이 때문이다. 봄멍을 즐기는 자의 여유도 은총이다. 결혼식 날짜와 장소를 콩 구워 먹듯 후다닥 잡고서 두렵지 않았다면 거짓말이다. 아버지에게서 들은 시댁과 남편에게서 들은 시댁의 사정은 꽤 많은 차이가 났지만 내가 결정한 일이라서 결혼식에 필요한 절차들을 잘 마무리하고 싶었다.

언니가 둘 있었지만 큰언니는 결혼을 했고 작은언니는 서울서 일을 하고 있었기에 복잡한 감정들을 전화로 다 이야기하는 것이 쉽지가 않았다. 그래서 섭섭하게 들릴 것 같은 시댁 얘기는 언니들에게 말하고 싶지가 않았고 26년을 최선을 다하여 키웠을 엄마에게도 딸을 보내야 하는 마음을 평화롭게 지켜 드리고 싶었다. 결혼식만 마치면 출가외인이 되던 엄한 가정이었기에 엄마도 여러 가지 마음이 들었을 테다.

결혼식을 일주일쯤 남겨 두고 동서가 될 남편의 형수님을 만났다. 이런저런 준비를 하며 가족이 될 시댁의 형편을 바르게 알고 의논도 하고 싶어서 내가 먼저 만나자는 제안을 했다. 의지할 상대도 필요했고 동서가 될 형님은 직장 생활도 하고 있었기에 나보다는 더 지혜로울 것 같았다.

먼저 경험해 본 며느리 입장이니 시댁과 나에게 서로 도움이 될 것 같았다. 결혼식을 준비해 보니 신부가 신랑보다 챙겨야 할 일들이 훨씬 더 많았고 시댁과도 미리 조율을 하면 불필요한 오해도 줄일 수 있을 것 같았다. 그것이 화근이었다.

형님을 만난 다음 날 어머님의 전화를 받았다. 나는 전화를 끊고 바로 달려갔다. 무조건 잘못했다고 빌며 어머님의 노여움과 섭섭함을 풀어 드리고 다시는 이런 일이 없을 거라는 약속을 드렸다. 결혼식 날 뵙겠다며 인사를 하고 내려앉았던 마음을 추스르며 집을 나와서는 강둑을 따라 천천히 걸었다. 외롭고 먼 길을 스스로 선택했음을 실감했지만 그래도 흔들리는 마음을 단단히 붙잡아야만 했다.

다행히도 아버지가 보증하는 집안이라 엄마도 큰 걱정은 하지 않으셨다. 내가 학교를 다닐 때는 새 학년이 되면 선생님이 나눠 주는 가정환경 조사서에 냉장고나 피아노가 있는지 신문을 보는지 등을 체크하여 내면 그것으로 가정 형편을 짐작하던 시절이었다. 그러니 딸을 치우는 개념으로 결혼을 시켰던 그 시대의 부모님들은 사위가 될 사람의 직장과 가까운 지인에게 그 집안이 먹고살 만하다는 소문을 들었다면 걱정을 접었다.

다음 타자는 남편이었다. 결혼식을 이틀 앞둔 밤에 남편이 만나자 하여 나갔더니 결혼식을 이대로는 못 하겠다고 하였다. 어머님을 섭섭하게 하는 사람과는 결혼을 못 하겠다는 것이다. 그러나 나는 결혼을 했고 세 번째 봄을 지나고 있었다.

토요일 오후에 우리는 큰집에 도착하였다. 남편에게는 위로 누나

세 분과 형, 아래로 여동생이 있었다. 큰집이 이사를 하여서 이날은 큰 도시에 사는 시누이들도 다 모였다. 저녁 무렵에 도착하니 잔치 분위기였다. 나는 어머니께 인사를 드리고 등에서 자고 있던 아들을 방에다 내려놓고는 일을 돕기 위하여 부엌으로 들어갔다.

솜씨가 좋은 큰시누님이 저녁을 준비하고 계셨다. 나이 차이가 꽤 나서인지 뵙게 될 때면 늘 편안하게 대하여 주셨기에 격이 없이 이런저런 이야기를 나누었다. 그러다가 형님은 갑자기 남편이 잘해 주는지 물었다.

"내 동생 착하제? 착하다~ 니 결혼 잘했다." 하신다. 형님이 웃으면서 물으셔서 나도 웃으며 "동생하고 남편은 조금 다르지요 형님." 아무 생각이 없이 대답을 했다. 형님은 당연히 우리의 결혼에 대하여 아무것도 모르셨고, 그저 동생도 나도 귀여워서 한 말이었기에 나도 다정한 형님에게 가볍게 투정을 한 것이다. 그렇게 형님과 담소를 나누다가 부엌에서 나와서 아들을 재워 둔 방으로 들어갔더니 맛있게 자고 일어난 아들은 눈을 뜨고서 놀고 있었다.

젖은 기저귀를 갈아 주고는 포대기로 업고 형님을 도우려고 방문을 열고 나가려는데 손아래 시누이가 나를 막아서며 다짜고짜 "그것밖에 못 배웠니? 잘난 부모님이 그렇게 가르쳤나?" 소리를 지르며 말했다.

순식간에 일이 벌어진 것이다. 등에는 갓난쟁이 아들이 업혀 있었고 딸은 놀라서 울음을 터트리며 여린 손끝으로 내 옷을 움켜쥐었다.

그때였다. 남편은 어디에 있다가 나타났는지 내 손을 잡아채며 "너거 집으로 가라."며 대문 밖으로 나를 끌어내고는 들어가 버렸다. 나는 있는 힘을 다해 버티었지만 아들을 업고 딸의 손을 붙잡고 남편에게 쫓겨났다. 남편은 내게 한마디도 묻지 않았고 모든 형님들도 바라보기만 하였다. 양가가 살아온 문화의 차이이기도 했지만 유독 나의 말 한마디, 한마디에 온 가족의 시선이 몰려 문제를 일으킬 수 있음을 그날에야 알게 되었고, 아버지의 투박한 품이 더없이 편안한 안전지대였음도 깨닫게 되었다.

그날 이후 한 가지를 더 정확하게 배웠다. 남편은 내 편이 아님을 알았고 시댁과 관련된 사람들에겐 무조건 "예"라고만 대답을 해야 한다는 것을. 그렇게 세월은 속절없이 흘렀고 나는 큰집과 십 분 거리에 살면서 오십 즈음의 나이에 어머님의 전화를 받았다.

"아가 미안하다. 너는 나에게 예스맨이었는데 이게 머라꼬? 니꺼를 달라고 했으면 나는 그 자리서 나를 주었을 낀데, 니 줄게 집으로 오이라."

어머님은 다짜고짜 어서 집으로 오라고 재촉을 하셨다.

그 무렵에 어머님은 백내장 수술을 하셨고 당뇨가 있어서 병원에 정기 검진을 다니고 계셨다. 병원을 다녀오는 날에는 어머님과 함께 점심과 차를 먹고 마신 후에 집으로 모셔다드렸다. 그날도 차를 마시며 나는 손가락에 낀 어머니의 반지를 바라봤다.

"어머니~ 나중에 이 반지 기념으로 저 주세요."

"안 된다, 이건 막내가 준 거라서 막내 줄끼다."

나는 바로 "그러세요, 아가씨 주고 가세요."

라고 대답했다. 어머님과는 평소에도 거리낌 없이 너스레를 주고

받는 사이였기에 서로 마주 보며 웃고는 끝이었다. 집으로 가셔서 생각해 보니 어머님은 거절하신 마음이 미안하셨던 모양이다.

"어머니, 괜찮아요."

"아이다 지금 오이라. 그래야 내 맘이 편하겠다."

"예~ 알겠어요, 오늘은 시간이 안 돼요. 다음 주에 갈게요."

어머님의 전화를 끊고서 시내에 있는 금방으로 향했다. 어머님 손가락에 맞는 예쁜 알반지를 새로 맞추어 드리고 싶었다. 92세 어머님은 마지막 순간에도 내 손을 잡으셨다.

"너는 나에게 최선을 다했다. 고맙다."

하시곤 눈을 감으셨다. 그렇게 쫓겨난 그날 이후 나는 마음의 약속대로 예스맨이 되었고 형제들과도 별다른 트러블이 없이 살았으나 남편에게만은 서럽고 억울한 마음이 평생 사라지지 않았다. 형제들은 내게 아무 상관이 없어도 되었지만 그 순간 남편은 내게 상관있는 사람이어야 했다. 내게 자초지종을 물었어야 했고 온전히 내 편이어야 했다.

나도 어머님과 똑같은 엄마였다. 등에 업힌 내 아들과 나의 손을 잡고 울고 있는 내 딸이 의지하고 사랑하는. 또 그 무엇보다 남편과 나는 성인이 되어서 독립적인 인격을 가지고 스스로 결혼을 선택하였고, 서로를 지켜 주겠다고 가족과 친구와 참석한 하객들 앞에서 약속을 했기 때문이다.

하루아침에 아버지를 잃은 슬픔이 묶어 준 남편의 가족사랑은 내가 책임져야 할 의무가 아니었기에 그 이해의 몫은 내 것이 아니었고 아버지를 잃은 슬픔은 순전히 그들의 몫이 되어야만 했다. 어머니의 장례를 치르고 집으로 돌아온 내가 남편에게 물었다.

"어머니의 남자에서 이제는 내 남자가 되는 기가~?"

젊은 날 아버지를 잃은 슬픔이 컸던 남편은 어머니도 곧 잃게 될까봐 늘 불안했단다.

"이렇게 오랫동안 사실 줄 알았으면 마음을 넉넉히 가졌어도 됐었는데…"

외롭던 나를 스스로 위로하기 위하여 가끔은 그때로 돌아가서 남편을 생각해 본다. 고지식했던 남편은 한 여자를 인생의 동반자로 맞이할 준비도 생각도 없이 때가 되었으니 엄마가 원하는 결혼이란 제도를 그저 숙명적으로 받아들인 것은 아닐까?

남편을 잃은 어머니에게 자신이 줄 수 없는 위로를 아내가 대신해 주기를 바라면서 말이다. 부부가 되어 함께 살아오는 동안에도 남편은 어머님과 형제에 대하여서는 불문율이 많았다. 섭섭하거나 불편한 마음을 말로 표현하면 안 되었다. 오로지 속으로만 견뎌야 했다. 성실하고 정직한 유형의 사람인 남편은 자신이 배워서 아는 것이 길이 되고 사회와 타인에게 적용되는 규범을 가족에게도 똑같이 적용하는 딱딱한 사고형이다. 말랑말랑한 가슴으로 감싸야 할 때도 늘 높은 도덕성을 우선하는 바른 생활이 몸에 익은 사람이었다.

남편과는 반대로 감성적이고 정서가 풍부한 나는 늘 남편을 생각하는 마음이 앞섰다. 남편이 지켜 주고 싶은 가족을 위하여 내가 할 수 있는 최선을 다했다. 내 아이들은 유치원을 다니고 있는데 아이들보다 한 살 위인 조카들이 유치원을 다니지 않고 있는 것을 보았을 때에도 나의 마음이 앞서가는 것이 당연하다고 생각하며 다음 해에 유치원을 보냈다. 일이 보이면 해결해 주고 싶었다. 이쯤에서 생각해 보면 굳이 그렇게 하지 않아도 되었었다. 남편의 말처럼.

"니가 하고 싶어…"

나의 오지랖이 넓었다, 그랬다. 누군가를 위하여 배려하고 섬겼다면 그것으로 감사해야 한다. 돌려받으려고 한 수고가 아니었고 또 나의 수고가 사라지는 것이 아니므로 마음을 멈추고 내려놓아야 한다. 이제는 그들의 몫이다. 아픈 시간이 많았지만 타고난 성품을 따라 순리대로 살아온 것을 즐기며 살아가면 될 일이다. 그것이 내 삶의 가치이고 내 삶의 품격이다.

기회가 다시 주어진다 하여도 여전히 같은 모양의 인생을 살아 낼 나이기에 이 시간이 귀하다. 최선을 다하여 부지런히 살아온 시간들이 내 것이어서 더욱 귀하다. 오랜 세월 외롭게 했던 삶의 얼룩들을 솔직하게 토하여 내고 새살 돋는 회복을 글로써 나타낼 수 있는 용기를 만났음이 행복이다. 그래서 지금을 원 없이 즐기려 한다.

오늘은 나의 인생에서 가장 아름다운 때다. 삶을 사랑하고 공감하며 소통하는 가족과 이웃의 행복을 내 것처럼 누리고 싶다. 지금이 나에게 유일한 순간임을 알기에 천천히 음미하고 뜨겁게 사랑하며 살아가는 하루다.

화양연화

새벽부터 내리기 시작한 비가 하루 종일 내리고 있다. 며칠 전부터 온몸이 물에 젖은 솜뭉치처럼 무거워지길래 은근히 기다렸던 비다. 가뭄이 계속되는 탓에 가로수의 나뭇잎이 떨어져 내리고 꽃들도 피다가 지는 모양새가 한 방울의 비라도 간절하여 기상청보다 더 정확한 몸인지라 하늘을 올려다보며 기대했지만 그저께도 어제도 하늘은 맑았고 바람도 조용했다.

몸으로 예측하는 날씨가 어긋났다는 현실은 예전보다는 건강이 좋아졌다는 뜻이기에 안심은 되었으나 그래도 오랜 가뭄이 해갈되기를 기도하며 잠자리에 들었다. 후드득후드득 창을 두드리는 소리에 잠에서 깨어 일어나 보니 굵은 빗줄기가 쏟아지고 있었다.

"단비다~ 오랜만에 찾아온 귀한 손님이시네."

'그럼 그렇지.'

예측이 맞았다는 안도감으로 잠꼬대처럼 중얼거리며 단잠에 빠졌다가 아침에 일어나니 화분의 나무와 화단의 꽃들이 방실방실 웃으며 반겨 준다. 나의 몸과 마음도 나무를 따라 춤추고 꽃처럼 웃는다.

15~16년 전 갱년기가 시작될 무렵에 블로그를 만들었다. 일상이 문득 외롭고 허전하여 마음이 흔들릴 때면 몰래 들어와 마음을 풀어놓고 자유를 누렸다. 그렇게 안네의 일기장 같았던 블로그가 어느 날엔가 무겁고 칙칙하게 느껴지며 구속처럼 여겨져 스스로 자물쇠를 채우고는 나와 버렸다.

5~6년 후 친정엄마와 아들 가족과 한 지붕 살이를 시작하며 블로그를 다시 열고 엄마와 손자 손녀의 알콩달콩 재미있는 일상들을 올리다가 엄마와 아들 가족이 떠나자 삶에 지쳤던 불안한 마음과 허전함이 교차하며 블로그의 문이 또 닫혀 버렸다.

그 후 일 년 동안 멍을 때리며 누웠다가 앉기를 반복하며 나를 돌보는 시간을 가졌다. 오직 나를 위한 시간을 가지며 치열하게 살아온 삶에 대한 보상을 나에게 주고 수동적이었던 삶의 방식을 바꾸어 내가 원하는 것이 무엇인지를 찾아서 영리한 감성을 외면한 채 살아온 나의 정서를 이제는 회복하고 싶었다. 또 내 안에서 일어나는 변화를 수용하여 삶의 여유를 즐기고 주어진 시간표대로 부지런히 살아 낸 내 삶의 가치를 존중해 주는 행복도 누리면서 가고 싶었다. 그러다가 인생의 어느 언저리에서 가 보지 않은 길에 시선이 멈추면 흔들리지 않고 직진할 수 있을 것 같았다. 아직은 이른 시간이기에.

지나온 삶에 대한 후회는 없다. 부지런히 최선을 다하여 살았고 살아온 날들에 대하여서도 그만큼의 행복을 누렸기에 나를 찾아 나서는 여정이 기대가 된다. 내 안에 있는 나를 마주하며 익어 가는 시간을 위하여 남아 있는 열정을 아낌없이 투자하며 살고 싶다. 이런 마음을 담아서 새롭게 문을 연 블로그는 내 삶에 도움닫기가 되어 주었고 젊고 상큼한 신세대의 이웃님들과 삶을 공유하고 소통하면서 감추어 두었던 나의 꿈을 보게 되었고 씩씩하게 불러 낼 기회도 만났다.

재주도 역량도 턱없이 부족하지만 오랜 시간 감추어 두었던 꿈이었기에 용기를 내어 도전해 보아도 괜찮을 것 같았다. 내가 주인이고 내가 책임지는 블로그 세상에서 나는 무엇이든지 할 수 있을 것 같았고 무엇을 해도 될 것만 같았다. 묻지도 따지지도 않고 보내 준 이웃님들의 칭찬과 응원이 그늘에 가렸던 내 삶과 꿈을 반짝이게 하였고 딱딱하게 굳었던 감성을 보드랍고 말랑하게 만져 주었다.

라벤더 향이 가득한 꽃길을 새털처럼 가벼운 날개를 달고 날아다닌 인생이 있을까? 고달프고 벅찼던 시간들을 버티어 내었기에 모두가 지금의 자리에 서 있는 것이며 더 나은 내일을 만나게 될 것이라고 나는 믿었다. 자신의 선택을 신뢰하며 살아간다면 어떤 악한 상황과 환경도 하고자 하는 사람의 의지를 꺾을 수 없을 거라는 확신도 충만했다. 내가 꿈꾸는 내일을 간절한 마음으로 붙잡고 기대하며 살아가는 인생은 반드시 꿈이 이루어지는 현장에 서게 될 것임을 내 삶이 믿었고 경험했기에 그저 열심히 살아왔음을 자랑하는 글을 쓰고 있다.

나를 드러내는 콘텐츠는 성실히 부지런히 살아 낸 삶이 전부이지만 그래도 민망히 여기지 않으려 한다. 오직 내가 살아 낸 삶이고 나의 인생이기에. 언젠가는 하고 시작한 글쓰기가 끝이 보인다. 무모한 도전이었고 무지한 용기였음을 나는 알고 있다. 내가 좋아하는 빨강 머리 앤의 말처럼 선물은 늘 보이지 않는 곳에 숨어 있다가 어느 날 우연히 우리 앞에 나타난다.

산고를 겪어야만 생명을 만나고, 꽃이 핀 과실수는 꽃망울이 터지기 전 가지치기를 해야 한다. 인생도 그렇다. 삶에서 만난 고통이 생존의 정신력을 키워 주었기에 간절히 최선을 다하여 살 수 있었다. 아무튼 나도 이 길에 서기 위하여 아프고 외로웠나 보다. 화려하게 물든 나뭇잎을 스스로 벗어 낸 나무처럼 어둠도 얼음이 되는 캄캄한 밤을 견디어 내는 것이 인생이다. 그래도 봄은 오고 시린 바람은 흔적도 없이 사라지며 마른 가지에 움이 돋고 꽃이 핀다.

이제 나는 인생의 봄을 만났다. 우악스럽게 나의 꿈을 찾아가는 길에 필요한 감성 잔고가 넉넉하여 안심은 되지만 괜한 걱정이 앞서기도 한다. 그러나 눅눅하고 칙칙했던 삶일지라도 그리움의 눈으로 씨를 뿌리면 꽃이 열매를 낳을 것을 알기에 가 보지 않은 길을 기대하며 꿈을 따라나서는 오늘이 봄이다. 나의 인생의 화양연화다.

그 남자 그 여자

아침에 눈을 뜨니 부엌에서 달그락거리는 소리가 들린다. 오늘은 남자가 먼저 일어났다. 여자는 접시 부딪치는 소리가 기분이 좋은 듯 이불을 목까지 끌어올리며 만족한 미소를 짓는다.

'흠~ 아침이 좋다.'

남자와 여자의 시간은 다르다. 다른 것이 어디 시간뿐이랴!! 남자와 여자는 성분부터 다른 것을!! 생각하는 방식이나 언어, 자라면서 누린 문화가 같다면 오히려 이상할 일이다.

둘이서 하나 된 세월 동안에 서로에 대한 정서를 이해하려 노력하고 다름을 인정하며 스스로의 틀을 깨려는 소통을 하였기에 오늘이 주는 행복을 기대하는 것이리라. 남자의 건강에 빨간불이 켜졌다. 우리나라 성인 중 1명꼴인 당뇨가 남자를 위협하고 있음을 지난번 정기 검진에서 알게 되었다. 세 번의 스물을 훌쩍 넘긴 나이의 사람들이 제일 피하고 싶은 병이다.

여자가 일상에서 하는 큰 소리의 대부분은 남자의 건강을 위해서라는 걸 안다. 집안의 내력이 있는 남자는 고혈압과 협심증 약도 먹고 있다. 그렇기에 남자도 건강에 대한 경각심을 가지고 나름대로는 생활 속에서도 부지런히 살피고 있었다. 그럼에도 불구하고 이런 결과가 나와서 무척 민망하고 억울하지만 걱정하는 여자의 마음을 알기에 무엇이든지 더 노력해야겠다고 작심을 해 본다.

남자는 부엌에서 당뇨에 좋은 건강식을 부지런히 챙기고 있다. 이럴 때는 기분이 좋다. 여자는 한쪽으로 이불을 밀어내고 침대 위에 누워서 가벼운 스트레칭을 하는 것으로 하루를 시작한다. 남자가 접시를 들고 식탁으로 옮겨 가면 여자는 천천히 일어나 마당으로 나간다. 아침 햇살과 바람, 꽃과 나무… 자연이 주는 혜택을 온몸으로 즐긴 후 여자가 집 안으로 들어올 때쯤엔 남자는 아점을 끝낸 시각이다.

"당신~ 밥 무라."

"응~"

여자는 대답을 하면서 매트를 펴고 폼롤러와 한 몸이 되어 한참을 누워서 뒹군다. 그러고도 성에 차지 않는 여자는 일어나서 맨손 체조로 또 몸을 풀어 준다. 남자는 측은한 듯이 여자를 바라보다가 방으로 들어가 눕는다.

"여보…"

여자의 목소리가 날카롭다.

"식후 칠보는 보약보다 좋다는데 동네 한 바퀴 해라."

"아까 나갔다가 왔다."

"언제? 아까는 아까고 지금 말이다."

여자는 입 안에서 혼잣말로 말을 이어 나간다.

'밥 먹고 바로 눕는 것이 당뇨에는 독인데… 잘 챙기겠다고 하고선…'

남자는 여자의 부지런함이 부럽다. 마음은 굴뚝인데도 행동은 쉽지가 않다. 4년 전 요추 디스크 파열로 119에 실려 갔다. 여자랑 살면서 여덟 번째 119행이다. 퇴원 후 2년 동안 누워 있는 시간이 더 많았다. 허리를 회복하려면 어쩔 수 없는 주치의의 지침이긴 했지만 여자가 보기에는 게을러 보였을 것이다.

타고난 건강 체질인 남자는 소싯적엔 유도와 배구, 테니스, 탁구 등을 즐기는 스포츠맨이었다. 누워 있는 모습만 보여 주는 것 같아서 면목은 없지만 할 말이 없는 것은 아니다. 다치고 싶은 사람이 어디 있겠는가? 운동을 하다 보면 예기치 않는 사고가 일어나기 마련이다.

남자와 살아오는 동안에 여자의 가슴이 철렁 내려앉는 일들이 많아서 미안하긴 하지만 또 여자가 몰라 주는 것 같아서 섭섭하기도 하다. 남자가 보는 여자는 철저하다. 일상에서의 말이나 행동은 너그럽고 삶에 대한 가치관도 부드러워 즉흥적인 부분도 많다. 무엇이든지 정확하고 계획대로 움직이는 남자의 눈으로 즉흥적인 행동의 여자를 종종 보게 되면 아슬아슬하다. 그럼에도 여자의 주변은 늘 사람이 많다. 무엇보다 여자를 신뢰하고 그들은 여자에게 친절하다.

사람을 편안하게 하는 재주를 가진 여자는 자기 관리 능력도 탁월한 편이다. 약한 신체를 위한 부지런함은 남자도 인정할 수밖에 없다. 머리로 생각하고 이성적으로 납득이 되어야만 움직이는 남자는 여자의 한결같은 행동력이 부럽고 자신의 굼뜬 행동이 그런 점에서는 부끄럽기도 하다.

여자는 남자가 자신보다 먼저 일어날 때 안심이 된다. 건강한 유전자를 타고났음에도 관리가 소홀하여 건강을 놓치는 것을 보면 안타까워 말을 해 보지만 무심히 들어 넘기는 때가 많다. 그럼에도 일상적인 삶의 근육은 여자보다 좋으니 달리 할 말이 없긴 하다. 온몸으로 부딪치는 운동을 좋아하고 기계를 만지고 고치는 것을 좋아하여 냉장고나 세탁기 보일러… 등 생활에 필요한 물건들이 고장이 나서 "여보~" 부르기만 하면 맥가이버처럼 달려와서 새것처럼 고쳐놓는다.

고장 난 기계는 새것처럼 고치면서도 건강관리는 젬병인 남자다. 타고난 건강으로 인하여 자신감이 충만한 나이는 지났음에도 여자의 걱정을 불편해하는 것 같아서 그마저도 내려놓고 인정하기로 했다.

남자와 여자의 다른 것 중에 삶을 공유하는 행동이 다르다는 것은 건강을 관리하는 방법도 당연히 다를 것이다. 자신의 몸을 잘 알고 있는 남자가 살아가는 일상의 모양새가 여자의 눈에 다소 불안하게 보였다 할지라도 그것이 그 남자의 최선임을 믿기로 했다. 나이가 들어가는 것이 아까운 인생의 모퉁이 길에서 상대를 배려하고 인정하며 측은함이 가득한 눈으로 바라다보고 있다면 그것도 최고의 사랑일 것이다. 여자가 보기에는 옳고 바른 생각일지라도 상대가 원하지 않는 것을 강요한다면 힘들고 불편한 시간이 될 수밖에 없다. 애써 변화시키려 노력하지 않아도 되는 나이다. 서로가 선택한 길이 행복하다면 지금 그대로의 모습으로 살아가도록 배려해 주는 것 또한 사랑임을 이제는 안다.

그러나 서로의 다름을 조금 더 일찍 깨닫지 못했음을 후회할 필요는 없다. 젊은 날의 삶과 사랑은 치열했어야 했고 바라고 기대하는 시간도 간절했어야 했다. 다르기에 기다리며 참아 준 시간이 서로에게 결코 헛되지 않았음을 알게 되었고 오히려 지나온 시간의 가치도 깨닫게 되었다. 그랬기에 서로를 인정하는 자유로운 마음도 스스로에게 허락하는 것이리라.

아침 햇살이 좋다. 남자가 베란다로 나간다. 세탁기의 빨래가 끝났음을 알리는 벨이 울렸다. 빨래를 널면 햇살은 안아 주고 바람은 살랑거리며 물기를 품어 낸다. 인생도 그러하리라, 지금부터 만나는 시간은 종착역을 향하여 가는 시각이다. 그러나 시들어 가는 시간이 아니라 함께 버티며 살아온 삶의 열매가 익어 가는 시간이기에 소풍을 끝내고 집으로 돌아가는 길목에서 즐거움이 가득한 감성의 풍요로움을 나누며 가고 싶다.

챕터 4.

앤줌마의 봄

새로운 청춘을 꿈꾸며

나면서부터 소녀 시절까지 신나고 즐거웠던 추억을 불러내는 것이 내게는 어렵다. 그 시절엔 누구나 그렇게 살았으니 이상할 것도 없으나 조금은 아쉽기도 하다. 그래도 굳이 생각해 보라면 글쓰기다. 잘 쓰지는 못했지만 몇 줄의 일기와 친구들과 쪽지를 주고받으며 설렜던 때가 있었다. 그때는 통신 수단이 귀하던 시절이었다. 전화는 안방에서 사용하는 어른들의 전용물이었기에 가까이에서도 편지가 연락의 수단이었다.

내가 처음으로 쓴 편지는 국민학교 5~6학년 무렵에 '국군 장병 아저씨께'란 제목으로 쓴 위문편지이다. 수업 시간에 선생님이 접으면 엽서가 되는 편지지를 나누어 주시며 군인 아저씨에게 편지를 쓰는 시간이라고 하셨다. 처음으로 편지지에 편지를 쓰는 나의 기분은 어땠을까? 지금도 그때의 마음이 궁금하다. 연필로 써 내려갔어도 몹시 떨렸을 것 같다. 몇 번이고 쓰고 지우기를 반복하며 완성하였으리라. 그렇게 처음 쓴 편지가 얼굴도 모르는 군인 아저씨에게 도착을 하였고 나는 답장을 받았었다.

그때의 감동이 지금까지 남아 있는 것을 보면 누군가에게 관심을 받았다는 것이 내게는 특별한 사건이었나 보다. 그 이후 고등학교를 졸업할 때까지 해마다 위문편지를 썼고 답장을 받았던 적이 제법 있다. 어떤 해에는 각 반에 배당된 위문편지의 숫자를 채워야 하니 자원하여 손을 들라고 선생님이 말씀을 하시면 흔쾌히 손을 들기도 하여 답장을 보낸 군인 아저씨와 꽤 오랫동안 편지를 주고받기도 했다.

돌아다보니 나의 글쓰기의 시작은 위문편지다. 학년이 올라가며 읽은 시들을 필사하기도 하고 읽은 책 중에서 마음에 드는 구절을 노트에 옮겨 적으며 외우기도 했었다.

결혼 전에는 사연을 읽어 주는 방송국 프로그램에 글을 보내면 채택이 되어 방송을 타기도 하고 결혼 후에는 딸과 아들의 양육 일기를 썼다. 아이들이 학교에 입학하여 스스로 일기를 쓸 무렵엔 그들의 일기장에 답글로 엄마의 마음을 전하기도 하고 가끔씩 손 편지를 써서 가방 속에 넣어 두기도 했다.

이런 소소한 글쓰기 훈련들이 믿음을 가지면서 생활로 이어졌다. 일주일에 두세 번 예배를 드리며 목사님의 설교를 받아 적었고 성경을 읽으며 적용한 삶의 이야기들을 일기 형식으로 쓰기도 하며 교회 안의 또래 모임에서 소식지를 만들어 수필 형식의 짧은 글들을 올리기도 했다. 나의 글을 읽어 주는 독자들은 대부분 나를 아는 지인이었기에 혹평은 당연히 없었다. 어쩌면 이런 선한 칭찬들 덕분에 어쭙잖은 글을 지금까지 당당하게 쓰면서 나의 책을 가지고 싶은 꿈을 꾸며 새로운 세상을 어슬렁거리고 있는지도 모를 일이다.

블로그를 시작한 이유도 그랬다. 글을 쓰고 싶어서였다. 마흔의 고개가 꺾어지고 반백을 바라보며 여러 가지 복잡한 마음이 들었었다. 앞뒤를 가리지 않고 열심히 달려온 길이었지만 후회도 많았다. 이런 속내를 털어 놓을 곳이 없었다. 조용히 나를 들여다보고도 싶었다. 또 그렇게 기록해 두면 언젠가는 쓸 곳이 생길 것도 같았다. 마음이 부대낄 때에 블로그에 들어가서 신세 한탄도 하고 내일에 대한 꿈을 설계하기도 하며 오르락내리락하는 글을 아무도 몰래 썼었다. 그러다가는 괜히 민망한 생각이 들어서 어느 날 미련 없이 다 날려 버렸다.

가끔이었지만 나의 마음을 토하여 내는 작업이 스스로를 토닥이는 효과가 있었고 글을 쓰면서 치유도 되었다. 손자와 손녀와 함께 살아가는 일상의 글을 올리며 다시 시작한 블로그는 아들 가족이 집을 떠나는 걸로 다시 멈추어 선다. 그러고 보면 나는 나의 이야기를 쓰는 것으로 위로를 얻었던 것 같다. 좋은 이와 차를 마시며 담소를 나누듯 글쓰기는 내게 위로의 창구였다. 내가 듣고 싶은 말들을 소곤소곤 도란도란 글로 표현하는 것을 즐겼던 것 같다.

아무려면 어떤가? 코로나와 더불어 새롭게 시작한 글쓰기는 몰래 숨어서 하려던 나의 마음에 용기를 주었고, 이웃님들과 서로의 일상을 공유하며 나를 드러내는 도전이 되어 주었다. 나의 글쓰기의 경험들도 누군가에게는 위로가 되고, 그들이 만들어 갈 새로운 청춘을 시작하는 마중물이 되기를 기도한다. 나 역시 새롭게 시작하는 청춘이기에 가야 할 길이 무섭고 두려워, 지나온 길을 되돌아보기도 하지만, 그래도 포기할 수 없음은 오랫동안 마음으로 바라온 꿈이기 때문이다. 이제는 그 어떤 방해물을 만날지라도 내게 찾아온 기회를 놓치지 않을 것이다.

내 삶의 의미를 찾았고 그 여정을 즐길 준비가 충분하기에 새로운 봄, 새로운 청춘을 향하여 달려가는 오늘을 사랑하며 넉넉히 누리고 싶다.

나의 봄날은 오늘

조용한 주택가가 아침부터 소란스럽다. 귀를 기울여 들어 보니 스피커에서 나는 소리다. 선거철도 지났기에 궁금함을 뒤로 미루고 폼롤러에 몸을 기대어 이리저리 구르고 있자니 나를 부르는 듯한 다급한 목소리가 창문을 뚫고 들어온다.

"언니, 언니, 나와 봐."

소리가 끊어지듯이 크게 들렸다가 사라지는 것이 큰일이 난 듯싶다. 얼른 몸을 일으켜 세우고 급한 마음을 진정시키며 중문과 베란다 문을 동시에 열고서 뛰어나가다가 대문 앞에서 잠시 숨을 멈추었다. 일단 바깥 사정부터 살펴보려고 낮은 담 위로 고개를 들고 빼꼼 내다보니

"언니~ 꽃 사세요. 산책길에서 꽃 트럭을 만나서 우리 동네에도 들러 달라고 부탁했어요."

옆집 초코네가 꽃 트럭에서 산 꽃을 내 코앞으로 들이댄다. 나보다 위 세대인 어머니들이 많은 동네라서 하루 종일을 집 안에 있어도 대문 밖 세상은 사람이 오가는 인기척이 느껴지지 않을 정도로 조용하다. 터줏대감 길고양이들조차도 아지트가 어딘지 모를 정도로 숨어 있다가 쓱 나타나는 바람에 외출 때마다 놀라기도 하는, 움직임이 작은 동네다.

초코네가 하는 행동이 귀여워 대문을 열고 꽃 트럭이 있는 곳으로 발을 옮기니 평상에서 계시던 어머니들도 좀처럼 보기 힘든 신박한 꽃차를 요리조리 둘러보고 계신다. 올봄엔 몸이 가벼워졌나 보다.

제법 오래전에 아이들이 기념일에 사 준 꽃 화분과 바들바들 떨고 있는 어린 다육이 몇을 제외하곤 빈 화분까지 포개어서 필요한 이들에게 나눔을 해 버렸다. 100개가 넘었던 화분이 마당을 채우고도 남아서 대문 앞 골목길을 꽃으로 물들였던 때의 기억조차도 몸과 마음이 버거운 때였다. 가볍게 단순하게 살고 싶었다. 그만큼 몸이 무거웠다. 마당이 있는 집에서 평생 살아온 덕분으로 야생화와 사랑에

빠졌던 적도 있다. 산과 들로 나가는 날엔 이름 모를 들꽃이 반드시 손에 들려 있었다.

잡초처럼 보이는 풀꽃들을 세상에서 하나밖에 없는 보물처럼 모셔 와서 화분에 보금자리를 만들어 주고는 정성으로 키워서 분갈이를 할 때면 좋아하는 이들에게도 나누어 주었다.

정성스레 키운 꽃을 선물하는 마음은 다른 어떤 나눔보다 더 나를 행복하게 하였고 삶의 고달픔을 잊게 해 주었다. 아침마다 눈을 마주치고 안부를 물으며 돌본 나무가 새가지가 나서 자라면 누군가에게 주고 싶은 마음이 앞서 어린 가지를 잘라서 삽목하다가 엄마 나무까지 죽이는 실수도 하곤 했다.

나무와 꽃을 키우며 지나친 욕심은 다 잃어버릴 수도 있음을 경험했고 모든 기회의 때를 기다릴 줄 아는 마음의 평정심을 유지하는 지혜도 배웠다. 가꾸는 정성보다 더 넘치는 행복을 건강을 이유로 미련 없이 접은 후엔 다시는 화분에 꽃을 심어 가꾸는 일은 없을 줄 알았다. 몇 년을 물끄러미 꽃시장을 보고도 지나쳤던 나의 마음을 알기에 더 그랬다.

그런데 올봄은 블로그 이웃님으로부터 받은 칼랑코에를 비롯한 몇 종의 꽃 묘종을 선물 받는 것으로 시작이 되었다. 또 블로그로 맺어진 동생들이 사 준 산수국과 올리브나무, 그리고 내가 사들인 제라늄 꽃을 딸에게 자랑을 했더니, 엄마 몸이 많이 좋아진 것 같다며 딸램도 여러 가지 꽃 화분을 사와서 꾸며 준 덕분에 텅 비었던 베란다가 풍성해졌다.

갱년기의 막바지를 오르며 꽃을 가꾸는 일조차 귀찮고 버거운 일이 되어 버렸는데 오랜만에 꽃이 들려주는 이야기 속에 푹 빠져 지내는 일상을 즐기고 있다. 잘 살았다는 인생은 어떤 향기를 품고 있을까? 가끔 궁금하다. 어떤 인생이면 들여다보아도 흔들림 없는 삶의 형태를 유지할 수가 있을까? 간절하고 처연했던 시간을 어떻게 피하며 살아올 수가 있었는지 알고 싶지만 내가 듣고 싶은 답은 없을 것이다. 작은 꽃모종을 만나서 몰입하는 짧은 시간에도 희로애락을 다 누리니 말이다.

하물며 인생이랴. 2주 전에 블로그를 잠시 닫겠다고 이웃님들에게 공지를 띄우고 글쓰기에 올인하고 있다. 처음 주간에는 내가 가진 모든 생각들을 멈췄다. 멍하니 뒹굴고 걸으며 시간을 허비하고 싶었다. 내가 맞이한 시간의 곳간에서 이렇듯 마음의 자유를 따라 유영을 해 본 기억이 별로 없다. 나에게 집중하는 시간을 보내면서도 서두르지 않아도 되는 여유가 넉넉하여 좋았다. 이러한 원초적인 행복은 살아오는 동안에 예고도 없이 들이닥친 상황과 현장을 온몸과 마음으로 버티고 견뎌 낸 우리 모두가 누릴 호사일 것이다.

삶이 주는 기쁨과 슬픔, 고통과 회복의 깊이와 넓이를 체험하였기에 가능한 복이리라. 이제는 글을 쓰는 마음도 담담하다. 억지로 쓰려는 마음과 잘 쓰려는 욕심을 비워 내니 자판을 두드리는 손가락의 무게가 가벼워졌다. 모든 피조물의 이치가 그럴 것이다. 꽃 트럭에서 화이트 꽃이 피는 제라늄을 만났다.

글쓰기의 시간과 기회가 주어진 것처럼, 내손으로 꽃을 들이려는 마음도 용기이고 사치인 시간이 있었다. 내게 주어질 내 삶의 모든 시간이 건강하고, 걸어온 과거의 시간도 후회되지 않기를 간절히 기도하며 기다린 시간이 있었기에 오늘이 주는 행복을 건졌다. 삶을 살아 내는 동안에 서로 다른 고통으로 몰래 훔친 눈물의 온도를 인정하고 살아 낸 삶의 가치를 배워 가는 것이 글쓰기의 과정 중 가장 아름다운 행복임을 나는 또 배운다.

삶이 애처로울 때에도, 당연하게도, 사랑스럽게도 느껴질 수가 있다는 것을 마음으로 깨닫게 되는 하루다. 인생의 봄날은 언제나 오늘인 것을 알고 누리는 자는 복이다. 나의 오늘은 봄날이다.

엄마의 꽃밭에서

남편과 결혼해서 지금까지 이사를 다닌 회수가 열 손가락을 다 펼쳐야할 만큼이다. 태어나면서부터 지금까지 주택에서 평생을 살았다하여도 과언이 아니다. 굳이 주택만 고집하는 것은 아닌데 이사를 결정하고 나면 마음이 늘 주택으로 기울었다.

폐쇄 공포증이 있는 나는 문득 답답함과 마주 설 때가 있다. 아파트는 땅을 밟으려면 현관문과 엘리베이터를 거쳐야 한다. 주택은 언제든지 마당으로 내려서서 땅을 딛고 화단의 나무와 꽃을 마주할 수 있기에 모든 것이 편리한 아파트를 내려놓을 수밖에 없다. 나무마다 저마다의 의미와 사랑이 담겨있기에 더욱 그렇다.

무엇인가에 몰입할 수 있는 생활 속의 소재를 삶의 통로에서 만났다는 것은 막힌 듯 아득했던 숨구멍이 트였다는 뜻이다. 사람은 본능적으로 살아가야할 방향을 향하여 돌아선다. 나도 그랬던 것 같다. 그마저도 아득하면 모태에서의 기도와 어린 시절을 더듬어 만난 그리움을 따라가기도 하고 귓바퀴에 남아있는 희미한 노래 가사에 엉뚱한 이유를 들이대며 슬그머니 몸을 기대기도 한다. 살려는 몸부림을 부드럽게 성화시키며 닫혀있는 문을 힘껏 열어젖히는 용기이다.

지금 살고 있는 집을 선택한 이유도 그랬다. 오래된 낡은 건물을 돌아다보며 마음을 빼앗겼던 공간은 주차장을 겸한 마당이었다. 홀쭉하고 길쭉한 마당에 잔뜩 쓰레기가 쌓여있었고 오픈된 하수구로 냄새가 진동하는 대략 난감이었지만 나는 진흙 속의 진주를 생각했다. 힘든 현장과 어지러운 생각을 탈출하는 나만의 비법은 환경 너머에 있는 즐거움을 미리 불러오는 것이다. 빨강 머리 앤의 대사처럼.

"돌아가는 이 길도 즐기기로 했어요. 즐기겠다고 마음을 굳게 먹으면 항상 즐길만한 걸 찾을 수 있어요."

지나간 날들의 칙칙한 상념이 나를 덮으려할 때면 주님이 어둠을 통하여 주실 빛을 반드시 기대했다. 쌓여 있던 쓰레기들을 치우고 화단을 만들어 삶의 애환을 공유한 나무들을 옮겨와 심었더니 죽었던 공간이 숨을 쉬며 살아났다. 자연의 질서를 순응하여 때가 되면 잎이 나고 꽃을 피워내며 화려했던 시절의 권위를 온전히 비워내는 나목의 겸손함을 눈앞에서 볼 수 있음은 정직한 환희다.

막 추출한 커피를 이른 아침에 만나는 설렘처럼 고소한 행복이다. 꽃과 나무를 좋아하는 나의 정서는 엄마에게서 온 것 같다. 엄마도 평생 꽃을 가꾸셨다. 내가 국민학교 6학년 때였다. 학교를 가려고 나서는데 엄마가 말씀하셨다.

"오늘은 새집으로 이사를 가는 날이니 학교가 끝나면 그리로 와."

엄마의 설명대로 찾아서 가보니 넓은 들판에 집만 덩그러니 놓여 있었다. 텃밭과 마당이 합쳐져 어린 눈에는 학교 운동장보다도 넓어 보였으나 곧 텃밭에 새집이 지어져 담이 생기니 우리 집 마당도 본연의 임무를 찾았다.

텃밭이 떨어져나갔지만 그래도 꽤 넓은 마당이었다. 아버지도 나무를 좋아하신 것 같다. 다른 집에서 보지 못했던 나무들을 계절이 바뀔 때면 다듬으시며 많이 뿌듯해 하시던 모습이 생각이 난다.

큰 나무가 제법 많았고 마당 중앙에 있는 연못에 황금 잉어도 키웠었다. 가끔 쉬는 날엔 연못 청소를 해야 했기에 싫기도 했지만 계절마다 피는 꽃과 어울려서 내게는 은근한 자랑거리가 되어주었다.

대문과 맞닿은 담 위에는 등나무가 늘어졌고 대문을 열고 들어가면 시멘트로 된 오솔길 양쪽에 붉은 영산홍이 줄지어 서 있었다. 오른쪽 구석 담장 옆에 모과나무와 키 큰 향나무가 버티고 있었고 집 안으로 들어가는 계단 앞에는 주목나무와 꽝꽝나무가, 마당이 시작되는 곳에는 무화과나무와 흰 꽃 영산홍이 아름드리 서 있었다.

연못 가운데에는 배롱나무가 돌 사이사이엔 색색의 영산홍이 마당 한쪽에는 동백과 향나무들이, 낮은 화단엔 엄마가 좋아하는 꽃들이 철마다 피고, 졌다. 마당에서 실내로 들어가는 계단을 따라 올라가는 난간에는 해를 묵은 선인장이 가득했다. 꽃을 좋아하는 엄마는 이웃집으로 마실 나갈 때면 집에 있는 꽃의 모종을 들고 가셔서 나누어 주시기도 하고 이웃집 꽃나무도 얻어 오셔서 심고 정성껏 기르셨다. 엄마에게도 꽃과 나무가 주는 행복은 삶이 주는 쉼터였을 것 같다.

겨울이면 큰 마루의 주인은 선인장과 군자란이었다. 남향의 마루에 햇살이 가득했다. 군자란은 부드럽고 따사로운 햇살을 넉넉히 먹은 덕택으로 다른 집보다 늘 먼저 꽃대를 보여주었다. 내가 보기에도 우아하고 고귀한 품격이 느껴졌다. 부모님이 마지막까지 함께했던 집은 마당이 있는 한옥이었다. 한옥에 어울리는 여러 종류의 나무와 꽃이 많았다. 명절에 가보면 여전히 마루엔 다육이와 군자란이 한자리를 차지하고 있었고 엄마는 먹다가 남은 맥주를 천에 묻혀서 군자란 잎을 닦아주어 꽃이 지고 난 뒤에도 그 모습이 멋졌다.

평생을 꽃을 가꾸는 엄마를 보고 살아서 나도 밥보다 꽃을 더 좋아하는 삶을 살았을 테다. 무엇보다 꽃을 가꾸는 마음으로 인생을 가꾸면 마음이 주는 풍요를 더 넉넉히 누릴 것만 같았다. 나를 사랑하는 마음의 실천은 내게로 다가오는 다른 표현도 사랑으로 받아야 하는 것임을 시간의 담을 따라 걸으며 알게 되었다. 엄마의 꽃밭에서 보았던 행복과 다채로운 사람들이 노래하는 삶의 아름다운 하모니도 마음의 선을 넘었기에 가능하다.

파 서방의 가나다라

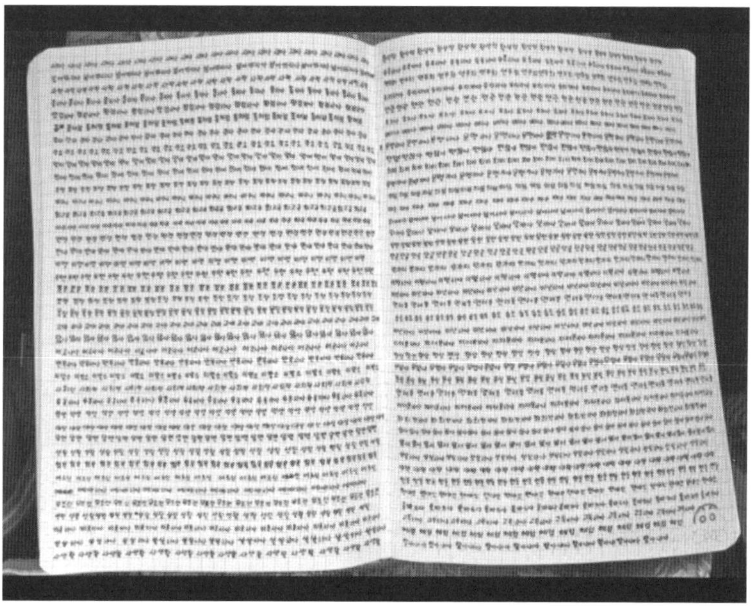

딸 부부와 한 지붕 살이를 한 지가 2년하고도 3개월이다. 코로나가 시작되던 설 명절에 들어와 눌러앉아 버렸다. 처가살이는 코로나가 파 서방에게 준 선물이다. 설에 잠깐 다니러 온다기에 아는 지인이 하는 게스트 하우스를 빌려주었다. 네덜란드 사람인 사위랑은 결혼 후 6개월 만의 만남이었지만 문화와 생활 패턴이 다른 외국인 사위를 위한 배려였다.

한국의 아파트와 주택의 실내는 먹고, 자고, 씻는 모습이 가족에게 노출되는 수평형 구조이다. 서로가 익숙해진 관계는 상관이 없지만 유럽의 주택은 수직형 구조라고 들었다. 1층은 거실과 부엌, 2층은 부부 침실과 화장실, 3층은 아이들 방… 영화를 보고 습득한 나의 상상이었지만 파 서방 집도 그렇다고 하였다. 한 울타리 안에 사는 가족도 독립된 인격으로 교육받고 성인이 된 자녀의 생활을 인정하는 수직형 구조의 집에서 자란 파 서방이 부엌과 거실, 화장실과 침실이 한눈에 다 보이고 모든 움직임을 드러내야 하는 것이 불편할 것 같았다.

우리가 자신을 싫어하는 줄 알았던 파 서방은 저녁을 함께 먹으며 오히려 자신을 배려했다는 것을 알아채고 서툰 한국어로 "감사하다."며 엄지 척, 보여 주는 것으로 답했다. 일주일간 처갓집에 놀러 온 계획이 이렇게 끝도 없이 이어질 줄은 꿈에서도 생각 못 했을 테다.

코로나가 확산되기 시작하니 모든 나라가 하늘 문을 닫아 버렸고 특히 중국은 외국인에 대하여서는 자물쇠를 채워 버렸다. 신혼살림을 시작한 집과 짐을 그대로 둔 채로 시작된 어정쩡한 파 서방의 처가살이는 이제는 물이 올라서 어디든지 혼자서 외출하고 산책과 등산도 즐기며 한국살이에 푹 빠져 버렸다.

하늘길이 열리기를 간절히 기도하며 20일이 넘도록 좁은 게스트하우스에서 갇힌 생활을 하며 기다렸지만 날마다 코로나는 정점을 찍었고 하늘길은 점점 멀어져만 갔다. 마침 위층에 살고 있던 이웃이 이사를 간다기에 며칠이 되든지 같이 살자고 짐 가방을 챙겨서 오라고 했다. 식사는 당분간 함께 먹기로 합의하고 내일이라도 당장 떠날 수 있기에 필요한 생활 도구들은 천천히 형편을 보아 가며 구입하기로 했다.

시작할 무렵에는 길어도 한 달이면 코로나가 물러설 줄 알고 결혼한 딸과 사위랑 함께 살아 볼 기회가 주어진 것이 마냥 행복하고 감사했다. 문제라면 사위와 말로 소통이 어려울 것 같아서 답답할 것 같았지만 나의 전공이 바디 랭귀지(body language)로 한 달은 어떻게든지 버틸 수 있을 것 같았다.

그런데 한 달이 두 달 되고 석 달을 지나니 코로나의 기세는 더 등등했다. 딸과 파 서방은 기약도 없는 피난민 같은 생활이 시작된 줄도 모르고 곧 돌아가리란 기대를 하며 한국에서의 생활을 누리고 있다가 딸이 근무하던 학교에서 일방적인 해고 통보를 받았다. 모든 외국인 선생님들에게 취해진 조치였고 본토에 없으니 당연히 받아들여야만 했다. 그나마 파 서방이 근무하는 대학에서는 온라인 강의를 할 수 있도록 재계약이 이루어진 것이 다행이었다.

파 서방은 식사 시간이면 어김없이 먼저 내려와 한국어 공부를 하였다. 노트에 반복하여 쓰기도 하고 뜻이 어려우면 글자를 보여 주며 내게 묻기도 하였다. 한 달쯤 독학을 한 파 서방은 이제 실습이 하고 싶었는지 한국 번호로 핸드폰 개통을 간곡히 부탁했다. 나는 흔쾌히 허락하며 필요한 절차를 밟아서 핸드폰 개통을 도왔다. 그리고 파 서방이 원하는 대로 가족 카톡방을 만들었다.

'파라스~ 축하해. 카톡 개통을~~'

내가 먼저 카톡을 보냈다. 곧 딸이 펭수 이모티콘으로 축하를 했다.

'안녕하세요! 어머니 전사 같아요.'라고 답장했다.

'이거 뭥미~ 내가 우락부락한 전사같이 생겼나. 나름 부드러운 여자인데.' 혼잣말을 하고 있으니 딸램이 파 서방 문자를 정정하여 보냈다.

'천사 엄마.'

전사 어머니라고 부른 것이 미안했는지 파 서방은 저녁을 먹으면서 엄지를 척, 내밀며 맛있다고 말했다.

"천사 어머니 최고."

칭찬을 남발하는 파 서방에게 딸램이 말했다.

"그럼 난 뭐야? 엄마와 아빠가 천사이면 나도 천사라고 불러 줘."

파 서방은 어깨를 들썩이며 기다려 보라는 듯 눈을 마주치더니 딸램에게 말했다.

"천사 새끼."

딸램이 3~4일 전에 개와 고양이의 새끼를 설명하며 "새끼=베이비"라고 설명해 주었단다. 새끼 천사나 천사 새끼나 그게 그거지만 우리는 밥을 먹다 말고 한참이나 웃었다.

가끔 고향에서 즐겨 먹던 음식이 먹고 싶을 땐 파 서방의 문자가 날아온다.

"천사 어머니. 저는 처녁에 안 먹어요. 삽왜이거 머거 싶어요."

치킨이 먹고 싶을 때도

"천사 어머니. 새끼 천사가 닥머겄 잎어요."

"엄마~ 나 그냥 누웠는데 왜? 내 핑계를~ㅎ"

"파라스 치킨 먹고 싶구나."

"오개이. 천사 어머니."

남편의 생일날 파 서방이 보낸 축하 메세지에는

"아버지 생일 죽이니다."

사극에 푹 빠진 파 서방이 용돈을 넣어준 봉투에

"어머님 아버님 성은이 망국하옵니다. 주인집 사위하고 주인집 달."

이라고 쓰여 있었다. 지금은 말이 많이 늘었다. 경상도 사투리도 곧잘 하고 5살 손녀와도 대화가 된다. 내가 가끔 짓궂게 "파 서방 오늘은 눈치 있어요?" 하면 호주머니 여기저기를 뒤지면서 "어머니 ~ 산책에서 잃어버렸어요. 그렇지만 쪼끔 남아 있어요." 하며 웃는다.

2년이 넘는 처가살이를 늘 행복한 마음으로 견뎌 준 사위가 고맙다. 포스트 코로나로 일상을 회복하려는 바람이 불고 있으니 딸 부부가 어떤 선택을 하게 될지 나는 모른다. 저들의 인생이니 둘이서 결정하면 나는 축복해 주면 된다. 그저 긴 시간 동안 함께할 수 있었음이 감사하다. 이런 우환이 아니었으면 사위랑 살아 볼 기회는 없었을 것이다. 앞으로의 시간도 소중히 여기며 내가 가르쳐 준 갱상도 네이티브 파 서방의 가나다라를 위하여 파이팅이다.

"하모, 에나, 아입니더, 아랐어예…"

슬기로운 격리 생활

이제는 모두가 코로나를 안고 살아가는 시대이다. 지난 3~4월 코로나 폭탄 돌리기가 시작되던 날에 우리 집에선 손자가 먼저 포문을 열었다. 아들과 며늘, 손녀까지 코로나에게 침범당했다는 전화를 받고는 한 걱정을 했다. 다행히도 손자와 손녀는 2~3일 앓다가 회복되었고 아들은 두 번째였음에도 생각보다 가벼웠으나 며눌은 지금까지도 후유증으로 고생을 하고 있다.

아들 가족에게 달려들어 소란을 피운 코로나의 불똥이 남쪽에 살고 있는 우리에게로 날아올까 봐 몸을 낮추고 바깥출입을 줄이며 최대한 조용한 일상을 지나고 있었다. 남편과 나는 집콕에 오고 가는 길이 정해져 있고, 딸램도 꼭 필요한 외출 외엔 조심하는 것 같아서 걱정이 없었으나 파 서방은 은근히 신경이 쓰였다.

그동안 코로나로 카페 출입이 자유롭지 못했던 파 서방은 단속이 풀리자 집에서는 일이 안 된다며 산책을 핑계 대며 나가서는 스타벅스로 향했다. 그날도 스타벅스로 출근하는 파 서방에게 조심하라며 나름 관리를 하고 있었는데 저녁 무렵에 핸드폰이 울렸다. 왠지 모를 서늘함이 느껴졌지만 설마 하고 전화를 받았다.

"엄마 키트 있나?"

딸은 파 서방이 목이 아프고 열이 난다며 검사를 해 봐야겠단다. 나는 일단은 파 서방을 방에 격리시키라고 말하고 딸에게도 마스크 착용을 권했다. 그리고 남편에게는 편의점에 가서 자가 진단 키트를 사 오라고 부탁을 하고서 집에 있는 약상자에서 타이레놀을 찾아 가져다주었다. 남편이 헐레벌떡 편의점으로 뛰어가서 사 온 진단 키트로 검사를 했더니 다행히도 음성이 나왔다.

날이 풀리고 기온이 올라가자 파 서방은 다시 날개를 달고 스타벅스로 출근을 즐겼다. 카페를 좋아하는 유럽 사람일지라도 두 달여를 하루 종일 스타벅스에서 보냈으니 제 딴에는 힘들어 몸살이 난 것 같기도 했다. 더군다나 어제는 날이 더워졌다며 벙글이가 되어 반바지 차림으로 산책을 했고 스타벅스도 다녀왔다.

다음 날 또 딸의 전화를 받았다.

밤새도록 온몸이 두드려 맞는 것처럼 아프다고 칭얼거리며 근육통으로 밤을 꼬박 새운 파 서방은 아침에 키트로 검사를 해 보니 두 줄이 선명하여 병원을 찾아 신속 항원 검사를 받았고 딸은 음성, 파 서방은 양성이 나왔다는 것이다.

본격적인 파 서방의 격리 생활이 시작되었다. 처방받은 약을 먹고 근육통이 사라지자 슬슬 즐기기 시작하는 파 서방. 자신의 공부방은 작아서 답답하다며 침실에다가 책상과 필요한 물품들을 옮기고 호텔에 투숙한 고객처럼 룸서비스를 요구한다며 딸램이 웃는다. 자신은 환자라서 매끼마다 먹고 싶은 음식이 다르다며 메뉴판을 내밀고 당당히 요구를 한단다. 귀여운 파 서방!! 나야 딸에게서 얘기만 들으니 파 서방이 그저 귀엽기도 하지만 당하는 딸램 입장에서 보면 기가 차는 모양이다.

서브웨이 샌드위치부터 타코, 스테이크, 브라우니, 아이스크림, 딸기, 오렌지… 디저트까지 알뜰히 챙겨 먹는 "파 서방!! 브라보!! 사위 사랑은 장모님!!" 코로나에 걸리면 인후통이 심하여 물 넘기기도 힘들 정도로 괴롭다는데 우리 파 서방은 너무 맛있게 먹는다는 것이다. 잘 먹는 사위가 다행이긴 하지만 엄마이기에 딸램의 입장도 이해가 된다.

평소에는 분담해서 하던 집안일도 다 딸램 차지가 되었다. 배달

음식도 질려 하니 때마다 끼니를 만들어 대식가인 파 서방을 먹이고, 먹은 후 사용한 그릇들은 보건소에서 알려 준 방역 지침대로 소독과 분리 수거까지 해야 하니 하루가 바쁠 것이다. 거기다가 먹고 살기 위하여 파 서방과 함께하던 온라인 수업도 혼자서 해야 하는 딸. 드디어 슬기로운 격리 생활이 끝이 나고 돌밥 돌밥 딸램의 일과도 막을 내리는 줄 알았는데.

파 서방은 스스로 하루 더 격리를 하겠다고 방문을 잠갔다는 것이다. 격리한 방을 청소하고 소독하자고 해도 도무지 말을 듣지 않아서 이번에도 딸램이 먼저 항복 선언!!

"아니, 도대체 왜? 파 서방, 이유나 알려 주?"

그나마 다행인 건 한 집안에서 코로나로 난리 부르스를 쳤는데도 딸은 슈퍼 항체를 가졌는지 멀쩡하여 감사할 밖에. 딸램은 도비 체험을 사실적으로 했다며 고개를 절레절레~ 아무튼 파 서방이 격리에서 해제된 것도 감사하지만 딸램이 자유의 몸이 된 것이 더 감사한 것은 팔이 안으로 굽기 때문이리라.

"파 서방 수고했어."

"딸~ 고생이 많았다~~"

김치가 사라졌다

현관문 번호 키패드의 경쾌함이 들리고 곧 문이 열린다.

"어머니~ 바빠요?"

파 서방이 나를 부르는 목적은 일상의 부탁이 있을 때이다. 비자 연장을 위하여 내 사인이 필요하거나, 밀린 빨래를 잔뜩 가지고 와서는 세탁해 둔 옷 바구니를 찾아갈 때와 김치가 들어간 요리를 하기 위하여 급하게 내려오는 날이다. 오늘은 깨끗이 씻어서 말린 김치 통을 내밀며 입가에는 맑은 미소를 머금었다.

“어머니 김치 벌써 다 머것써요~ 파라스가 마니 다 머것써요~ 마싯게 머것써요~”

하지 않아도 될 말을 반복하며 귀여움을 떤다. 나는 그 모습이 보기 좋아 모른 체 능청을 떨었다.

“오~~ 파라스 맘이 오늘은 바빠요.”

하면 한 번 더 함박웃음에 귀여움을 더하여 애교를 부린다.

“어머니~ 김치 있어요?”

하며 요구 사항을 훅 들이밀고는 딴청을 부린다. 냉장고에서 김치통을 꺼내어 건네며 나도 일부러 되물었다.

“파라스~ 오늘 바빠요?”

“오~ 어머니, 저 일 이써요. 산책도 가야 해요.”

1초의 망설임도 없이 단칼에 자르고 도망치듯 나가 버린다. 외국인 사위와 한 지붕 살이를 결정하고서 먹거리가 가장 큰 걱정이었다. 나의 요리 솜씨는 그저 우리 식구 따뜻하게 먹이는 정도라서 음식 문화와 입맛이 다르고 아직은 서로에 대하여 잘 알지 못하는 상태라 더 신경이 쓰였었다. 다행히도 무엇이든지 가리지 않고 잘 먹는다는 정보를 준 딸램을 믿고서 처음 며칠은 고기반찬으로 배를 채워 주었다.

파 서방이 집으로 들어올 때도 만물이 소생하는 봄이었다. 시장에 나가면 봄나물이 지천에 늘려서 눈과 입을 유혹했다. 냉이, 방풍나물, 산나물과 두릅, 달래… 여러 가지 나물들의 향기가 코끝을 간지럽혀 후회하기 전에 무조건 보이는 대로 사야 한다. 시장바구니에 봄나물을 담아서 끌고 오는 마음은 이미 부자다. 파 서방이 봄나물에 취하여 먹는 모습을 상상하며 쌀을 씻어서 물을 빠듯하게 맞추어 밥솥의 버튼을 누른다. 시장에서 만난 향긋한 나물들을 깨끗이 씻어서 하나하나 따로 데치고 간장과 참기름을 넣어 심심하게 무쳐서 간이 배게 무친 그릇에 그대로 담아 두고서 달래를 송송 썰어 양념장을 만들어 앙증맞은 종지에 옮겨 담는다.

시계를 보니 파 서방이 내려올 시간이 다 되었다. 냉면기를 꺼내어 뜨거운 물에 잠깐 데우려는데 현관문이 스르르 열린다. 파 서방에게 처음으로 선보이는 봄나물 비빔밥이라 갓 지은 밥 위에다가 마음의 설렘을 나물과 함께 담은 후 계란프라이를 곁들여 올렸다. 맛있게 익은 김치도 채를 썰어 참기름에 볶아 한 접시 소담스레 담아서 식탁 위에 두었다.

파 서방이 식탁을 둘러보며 눈이 둥그레졌다. 나는 파 서방과 마주친 눈으로 먼저 봄나물 비빔밥의 향기부터 맛본 후에 달래장을 계란 프라이에 올리고 쓱쓱 비벼서 숟가락에 가득 담아 한 입 맛있게 먹었다. 그리고는 파 서방에게도 나처럼 해 보라고 했더니 그대로 따라 하고서 볶음김치를 넣어도 되느냐고 묻는다. 파 서방의 김치 사랑은 그때부터 시작이 된 것 같다.

생김치를 먹을 때는 맵다며 입을 호호 불더니 볶음김치는 엄지를 척, 내밀었다. 그 이후부터는 모든 요리에 김치가 주인공이 되었다.

물 국수와 묵 국수, 볶음밥, 참치 쌈장, 생선 조림에도 김치가 들어가야 한다. 물론 김치찌개와 김치전은 두말하면 잔소리, 특히 김치와 돼지고기의 환상적인 궁합을 알아 버렸고 이제는 삼겹살 기름에 함께 볶음김치와 콩나물을 상추쌈에 올려 먹는 쏠쏠한 재미도 즐긴다.

코로나가 물러설 기미가 보이지 않고 처가살이도 길어질 것 같은 예감이 맞아 떨어지며 생활용품들이 하나둘 늘어나더니 주방에 필요한 물품들도 자연스럽게 구입하게 되었다. 피난살이 같은 집에 생기가 돌고 이제는 제법 신혼집 같은 분위기를 풍기며 삼시 세끼를 해결하고 있다. 거의 모든 생활을 자급자족하며 내 손을 빌리지 않으려고 노력하는데 딱 한 가지 안 되는 것이 김치다.

파 서방이 김치를 먹어 치우는 속도는 놀랍다. 나도 감당하기가 어려울 정도이다. 파 서방의 요리 솜씨도 김치 볶음밥, 김치전까지 발전했다. 가끔 김치찌개는 청탁이 들어온다. 아무리 해도 맘이 해준 맛이 나지 않는단다. 파 서방이 김치찌개마저 정복을 하면 저장용 김치 냉장고를 사야 할지도 모를 일이다. 한국 사람인 우리보다 더 김치를 많이 먹는다.

우리 부부가 외출한 날에는 파 서방이 내려와서 김치를 가져간 것을 모를 때도 간혹 있다. 아무 생각 없이 김치가 필요한 요리를 하려고 냉장고를 열고 김치 통을 찾으면 없다. 분명히 며칠 전에 먹기 좋게 썰어서 넣어 둔 김치 통이 감쪽같이 사라진 것 이다.

오늘은 유부 밥을 만들어서 배달해 주었다. 엄마의 손맛이 그리울 즈음에 한 번씩 룸서비스를 해 준다. 냉장고 속에 들어 있던 야

채를 손질하여 볶고 당연히 김치도 볶아서 밥과 함께 버무렸다. 파서방의 김치 사랑 덕분에 우리 집 김치 통에 불이 나긴 하지만 값비싼 한우 사랑이 아니라서 얼마나 다행인가?? 지난번 코로나에 걸려 격리한 후에도 유산균이 듬뿍 든 김치를 먹어야 한다며 김치 볶음밥부터 김치가 들어간 요리를 일주일 동안 쉬지도 않고 해서 먹었다는 딸램의 전화를 받았다.

"엄마~ 당분간 김치는 다 먹고 없는 걸로 하자~"

너도 그렇다

한동안 제라늄에 빠졌던 때가 있었다. 여름 장마와 뙤약볕만 조심하면 제라늄은 사계절 내내 꽃을 피우는 효자둥이다. 제라늄 꽃말은 '그대가 있어 행복합니다.'이다. 꽃말 그대로 꽃이 피는 모습을 보면서 행복하지 않다면 반칙이다. 제라늄 잎의 냄새를 싫어하여 기피하는 사람도 있지만 한번 키워 본 사람은 잎과 꽃의 조화에 반하지 않는 사람이 없을 정도다.

제라늄 중에서도 애플블라썸을 좋아했었다. 예쁜 만큼 키우기가 까다로웠다. 가을부터 봄까지는 꽃도 보고 잎도 풍성하게 잘 자라다가 장마 때만 되면 변을 당한다. 마당에서 키우다가 장마를 피하여 안으로 들이는데도 습도가 높아선지 물러져 버린다. 아무래도 나의 정성이 예전 같지가 않나 보다. 몸의 균형이 깨지면 꽃을 돌보는 마음도 시들해지고 꽃을 보며 행복했던 마음도 사치처럼 느껴진다. 그렇게 하나둘 사라진 꽃들이 남겨 둔 빈 화분이 쌓이고 눈이 마주치면 그도 부담스러워 지인들에게 나눔을 해 버린다.

지난해 요맘때였다. 마지막 제라늄도 융성했던 시절을 뒤로하고 장마와 함께 사라져 버렸다. 화분에 흙이 담긴 채로 햇살이 풍성한 마당에 방치되어 있었는데 화단에 물을 주다가 죽어 있는 빈 화분을 들여다보았다. 눈에 보일 듯 말 듯 연한 초록 잎과 눈이 마주쳤다. 헉!! 나는 한눈에 알아보았다. 세시화, 자금성 꽃이다.

3~4년 전에 수국 묘종에 딸려 왔는지 수국과 함께 화분에서 잡초 같은 풀이 바들바들 떨며 자라더니 꽃대가 길게 올라와서는 진분홍빛 꽃이 좁쌀처럼 피어 냈다. 지인들이 놀러 오면 신기하게 쳐다보며 "너도 꽃이네." 하던 그 꽃이었다. 한낮에 피었다가 저녁이면 입을 다물어 버리는 꽃잎이 귀엽고 앙증맞다. 한여름 내내 꽃을 피우고 진 자리엔 빨간 구슬 같은 열매가 맺히고 가을이 깊어 가면 검붉은 빛으로 열매도 익어서 들깨보다 작은 씨앗을 터트린다.

잎은 또 얼마나 예쁜지 초록 잎은 먹고 싶을 만큼 싱그럽다. 실제로 먹어도 된다고 하는데 먹어 보진 못했다. 거기까지였다. 다음 해에는 세시화 꽃을 기억하지도 못한 채로 잊어버렸고 냉해를 입은 수국을 파내고 삽목으로 뿌리 내린 제라늄을 주인 없는 화분에다 옮겨 심었다. 큰 화분으로 옮긴 제라늄은 그해에 모든 꽃들의 퀸이 되어 풍성한 행복과 즐거움을 내게 선물해 주었기에 세시화 꽃 따윈 잊혀질 법했다.

그런데 오랫동안 알고 지내온 동생이 오랜만에 집으로 찾아와 식탁에서 얘기를 나누고 돌아가려다가 마당을 둘러보고는 세시화 꽃이 왜 없냐고 물었다. 그제야 생각이 났다. 그녀는 그해에 잠깐 시간이 났다며 내게 들러서 차 한잔 나누고는 마당에서 세시화를 보고 꽃이 예쁘다며 내년에도 꼭 꽃을 보러 오겠다고 약속했었다. 그녀를 둘러싼 바쁜 일상들이 그녀를 붙잡고 있음을 알기에 그녀를 기다리는 시간도 나는 감사히 즐긴다. 순전히 그녀를 위하여 쓸 시간을 나와 함께 나누는 것이기에.

그녀를 보내고 기억해 낸 세시화를 찾으려고 제라늄이 주인 된 화분 속을 여기저기 세세히 살폈음에도 나의 눈에는 띄지 않았다. 그해 초여름까지 모든 꽃들의 퀸이 되어 나를 행복하게 해 준 제라늄도 그해 장마를 견디지 못하고 쓸쓸하게 떠나가 버렸다. 꽃과 나무에 대한 사랑과 정성이 사라진 나를 탓하며 제라늄이 떠난 화분도 냉정하게 방치해 버렸었다. 그런데 지난해 봄에 다시 살아서 돌아왔다.

삶이 고달팠던 그녀에게 위로가 되었던 꽃이라는 의미가 내게는 컸다. 20년을 넘도록 알고 지내온 사이지만 도무지 아픈 속내를 보이지 않는 그녀다. 삶의 무게가 무거워 비틀거리며 살아가는 일상에서도 오히려 나를 위로해 주며 날마다 감사를 찾는 그녀다. 지난해 다시 만난 세시화를 바라보며 반드시 가을이 준 씨앗을 거두어 뿌리고 풍성한 초록 잎과 더불어 꽃이 피면 그녀를 불러 우리 집 마당을 선물하고 싶었다.

세시화가 간절한 나의 소원을 알아들었는지, 지난해 받은 꽃씨를 사랑과 정성으로 거두어 뿌렸더니 한 알도 다른 곳에 떨어지지 않고 고스란히 화분 속에서 다 발아가 되었다. '세상에나~~' 우주의 본질은 간절한 마음을 따라 움직인다. 위로를 해야 할 내가, 오히려 그녀의 위로를 받으며 살아가고 있다.

그러기에 나는, 삶으로 부지런히 행복을 만들며 살아가는 오늘 같은 날에 그녀가 가벼운 마음으로 언제든지 나를 찾아오는 이유가 되었으면 좋겠다. 삶이 나와 그녀를 속일지라도 좁쌀보다 더 작은 세시화가 우리의 삶을 기대하게 하듯이 오늘의 삶에 의미를 부여하고 사랑하며 살고 싶다. 그녀가 짊어진 가장의 무게가 솜털처럼 가벼워지는 날이 속히 오기를 기도하고 응원하며 또 그녀가 살아 낸 삶이 초여름 아침 햇살처럼 반짝거릴 내일을 향하여 함께 웃고 싶은 오늘이다. 자세히 보면 더 빛나는 우리들의 삶을 위하여!! 브라보!!

적금 통장

아이들이 자라서 대학을 졸업할 무렵에 문득 미래에 대한 두려움이 찾아왔다. 세상을 보는 안목과 지식, 좋은 정보들을 내 것으로 만들어 사용하는 지혜가 부족한 나였기에 미래에 대한 막막함과 불안으로 일상이 흔들렸었다. 그래도 선물로 받은 하루가 내 편인 것을 감사하며 의지하고 도움을 구할 수 있는 대상이 내 안에 계시니 행복하려고 노력했다. 그러나 현실은 그렇지 않을 때가 더 많아서 아이들이 자라는 동안에도 그들의 꿈과 미래를 위하여 해 준 것은 마음뿐이었다. 특히나 딸램은 영리하여 호기심과 학구열이 높았다. 딸의 성향을 알면서도 원하는 것이 있으면 포기하게 해 놓고도 늘 변명을 일삼는 엄마였다.

딸램이 초등학교 때 일이다. 학교에서 돌아오더니 바이올린을 배우고 싶다고 말하며 안 되는지 물었다. 학교에서 여러 가지 특활반을 운영하고 있는데 자신은 바이올린을 하고 싶다는 것이다. 아마도 나는 우리 집 형편을 얘기하며 아이를 설득했을 것이다. 그날로부터 약 30년 세월이 흐른 뒤 지난해 산책길에서 딸램에게 내가 한 말을 들었다.

"바이올린이 엄청 비쌀 낀데… 지금 우리 집에 그거 살 돈이 없는 거 알제? 만약에 니가 바이올린을 배우모 다른 거는 하나도 몬 한다. 그라고 엄마는 니만 몬밀어 준다. 홍이도 있꼬. 우짤래 그래도 할 끼가?"

딸램은 그때부터 생각을 했단다. 돈을 벌어서 엄마를 도와야겠다고. 현실도 마음도 가난했던 시절이었다. 남매를 함께 학원을 보낸 적이 없다. 재주가 많은 딸이 재미를 붙여 신나게 다니는 모습을 확

인하면 "홍이도 하고 싶을 텐데…" 하고 말끝을 일부러 흘렸다. 그땐 엄마로서 당연한 선택이라고 생각했다. 딸은 언어 능력이 탁월하다. 그렇게 좋아하던 영어 학원도 두 달 보내고 그마저도 그만두었다. 내가 아르바이트로 하고 있던 일이 사라졌기 때문이다.

그 후부터는 딸에게서 무엇을 배우고 싶다는 말을 들어본 적이 없다. 창의성과 성취욕이 많은 딸이 자신이 하고 싶었던 너무나 많은 것들을 포기해야만 했던 현실이 버거웠음에도 잘 자라 준 것이 고맙고도 안쓰럽다. 필요할 때 해 주지도 못한 엄마 노릇을 코로나가 만회할 수 있는 기회를 주었다.

'옆에 있을 때 잘해 줘야지.'

아무튼 이런저런 삶의 경험들을 바라보며 느낀 나의 생각은, 세월은 무심하지만 정직하게 흘러갈 것이고, 우리 부부도 언젠가는 혼자가 되는 시간이 올 것이라는 불안감을 미리 예방하고 싶었다.

내가 다니는 교회는 약 120년 전에 세워진 교회다. 3~4대가 함께 모여 있기에 어른들의 비중이 크다. 엄마나 할머니 세대가 살아가는 모습을 바로 옆에서 지켜보며 나의 미래를 미리 준비하는 충분한 조건이 되었다. 지금에서 생각해 보면 은총이다. 혼자 버는 외벌이의 수입으로 네 식구의 의식주와 아이들의 교육까지 빠듯한 생활 속에서 미래를 위한 저축은 생각할 수도 없는 상황이었다. 더군다나 시댁의 살림도 도와야 했으니 무턱대고 기도할 수밖에 없는 현실이 더 간절한 마음으로 나타남은 당연했다.

은퇴 후에 아이들에게 기대어 살아가는 상황은 피하고 싶었기에 더 초조했고 걱정이 되었다. 내가 감당할 수 없는 속도로 시대는 변하여 가고 평균 수명은 고무줄처럼 늘어나는 시대를 만나며 마지막 날까지 삶의 품위를 유지하며 살아가는 일도 쉽지는 않을 것만 같았다. 미리미리 준비하지 않으면 대책 없이 당할 수밖에 없는 세대가 될 것도 같았다. 시대의 속도를 따라잡지 못하는 부모님들의 당혹감을 보고 왔기에 나의 속내가 더 조급할 수밖에 없었다. 현실도 겨우 자립하는 것처럼 보이는 상황이었으니 내게는 하나님 외에 다른 버팀목은 없었다.

남편은 교사였다. 천성이 정직하고 바르다. 바른 생활의 사람이었다. 강한 것 같으나 의외로 소심하고 정도 많아서 자신의 몫을 선배나 동료에게 양보하고 뺏기기도 했다. 결혼을 하고서 남편의 동료나 선배들은 나를 보기만 하면 남편을 칭찬하며 최연소 교장이 될 거라는 칭찬을 귀가 아프도록 들려주었다. 몸과 마음이 힘든 날에는 이런 응원이 버티는 삶에 도움이 되어 주었다.

'너무 맑은 물에는 고기가 살지 않는다.'는 말도 이해하지 못했었다. 남편과 살면서 이해가 되었다. 물론 공과 사는 분명하게 구별되어져야 한다. 하지만 사회가 그런가? 남편은 나와 아이들에게도 정확하다. 직장 생활도 칼로 자른 무 같았을 것이다. 위의 선배나 상사는 남편 앞에 서기만 하면 괜히 뒤통수가 가려웠을 것이다. 털어서 먼지가 안 나는 사람은 없다고 한다. 내가 보증한다. 남편은 수억이 드는 교회 리모델링 공사를 도맡아서 하면서도 오히려 계약한 시공비보다 수천만 원을 절감하였다. 공적인 실무에 있어서는 탈탈 털어도 먼지가 나지 않을 사람이다. 학생들에겐 최고의 선생님이었다. 남편이 어깨를 다쳐서 이른 퇴직을 결정하였을 때에도 나는 남편의 수고를 인정했다.

“당신~ 수고가 많았다. 당신을 만난 학생들은 행운아다.”

나도 그랬고, 남편의 성향으로도 부자가 될 재주는 없어 보였다. 어쩌면 재주가 없다는 것을 일찌감치 알아챘기에 하나님께 더 절실한 마음으로 기도했을 것이다.

정직하고 성실한 사람들이 걱정 없이 사는 나라가 되게 해 달라는 무모한 기도를 하고서도 부끄러움이 없었다. 더 뻔뻔한 건 교회 가까운 곳에 건물주가 되고 싶다는 소망을 가까운 지인들에게 말하고 다니며 남편의 퇴직 즈음에는 교회 옆으로 이사 올 거라는 속내도 보였다.

남편은 다친 어깨의 통증으로 정년보다 일찍 퇴직하게 되었고 하나님은 퇴직 전에 이미 선물을 예비해 두셨다. 대도시와 비교하면 작은 아파트 한 채 값에도 모자라지만 나에겐 안성맞춤 최고의 선물이다. 신도시 아파트나 이름난 명품의 그 어떤 물건도 부럽지가 않았다. 코로나 여파로 두 층을 사용하던 학원이 문을 닫았지만 우리는 덕분에 숨 고르기를 하며 쉬어 가고 있다.

이사를 온 지도 벌써 10년이다. 이곳에서 딸과 아들이 각자의 가정을 꾸렸다. 아들은 함께 입사한 동기의 죽음과 회사 내 음주 문화로 인하여 사표를 낸 후 이곳에 돌아와 쉬면서 상처 난 마음의 안정을 누렸고 아들과 딸을 낳고서 만 2년의 더부살이를 마감하며 새 직장을 구하여 분가했다. 지금은 딸 부부가 꼭대기 층에서 살고 있다.

하나님은 미리 아시고 이곳에서 일어날 치유와 회복을 넉넉히 준비해 두셨나 보다.

사위는 나를 천사 어머니라고 부른다. 우리가 자신에게 친절하여 감사하다는 인사를 자주 한다. 19세에 부모로부터 독립하여 처음으로 누려 보는 쉼이란다. 하나님께서 급하게 선물을 주신 이유를 세월의 담벼락을 걸으며 뼈저리게 알게 되었다. 사람은 참으로 미련하다. 한참을 지나고서야 겨우 깨닫는다. 그리고 하나님은 자비하시다. 믿고 기대하는 마음으로 떼를 쓰기만 하여도 모르는 척하시며 슬그머니 손에 쥐여 주신다.

우리는 기도의 가치를 얼마나 알고 있을까? 나도 눈에 보이는 물질로 찾아온 후에야 간신히 깨닫는다. 느리고 우매하기도 하지만 이만큼에서라도 느낄 수 있는 내 삶의 나침판인 믿음이 내 안에 살아 있기에 감사하다. 오늘도 나는 기도로 적금을 든다. 그리고 아이들에게도 가르친다. 기도로 든 보험과 연금은 빼앗길 염려가 없어서 믿음이 자신의 금리임을 확신하고 때가 되면 30배, 60배, 100배로도 돌려받을 수 있는 축복이라는 것을.

아들 부부와 손자, 손녀가 하룻밤을 다녀갔다. 떠나면서 며늘이 으스러지게 안아 준 온기가 지금도 내게 남았다. 그들도 이곳에서 사랑하며 살다가 회복되고 치유되어 독립적인 인격으로 떠났음이 감사하다. 남편은 어깨를 다친 이후 모처럼 하고 싶은 노동을 즐기고 있다. (젊었을 때는 별명이 박 가이버.) 파 서방도 시간이 되면 합

류하여 노동의 참 가치를 누리고 있다.

오늘은 마지막으로 건물 앞과 옆 주차장을 방수 페인트로 마무리 했다. 3주 가까운 시간을 무리하지 않고 쉬엄쉬엄 투자하여 장마가 오기 전에 건물 전체를 보수하고 점검하였다.

"남편과 파 서방~ 수고가 많았어요. 고마워요!!"

세 번째 스무 살 그대에게

어제는 더 늦게 잠이 들었다. 깊이 잠들지도 못하고 뒤척이다가 늦은 아침을 맞았다. 여전히 오락가락하는 정신줄을 부여잡고 "위험이 가득한 이불 밖은 싫어."를 잠꼬대처럼 중얼거리는데 카톡이 나를 깨운다.

'오늘 멋진 곳에서 차 한잔 어떠세요?'

'좋아~'

'두 시 반까지 집 앞으로 갈게요.'

'OK.'

보고 싶어서 기다리고 있던 그녀다. 카톡 문자와 함께 맑은 하늘 아래 메타세쿼이아 나무가 아름드리 서 있는 사진을 초대장으로 보냈다. 그녀는 늘 그렇다. 그녀의 꽃밭은 좋은 향기와 아름다운 수식어가 가득하여 불어오는 바람도 달큼하다. 띠동갑인 나하고도 삶을 나누는 좋은 친구다. 자신이 살아 낸 고단하고 아팠던 상처를 아침 햇살같이 반짝이는 시간으로 회복하여 지금은 마법 같은 삶을 즐기며 살아가고 있다.

결혼하고 남편의 교회로 옮겨 와서 그녀를 알게 되었으니 오래된 만남이다. 어떻게 가까워졌는지는 기억에 없지만 그녀가 결혼할 무렵에 남자친구와 함께 집으로 초대하여 조촐한 저녁을 대접했다니 아가씨 때부터도 친했던 모양이다. 하기야 그녀를 만나고서도 그녀의 매력에 빠지지 않았다면… 분명히 손해였을 것이다.

세월이 순간처럼 흐르고 그녀의 아픔이 가라앉을 즈음에 우리는 다시 만났다. 내게는 늘 사랑스럽고 예쁘며 타고난 천성이 맑은 그녀다. 그녀의 아픔을 짐작하고서도 마음으로만 응원하며 물어볼 용기를 차마 내지 못하고 있었다. 교회 안에서도 그녀의 자리에 그녀가 보이지 않았고 누구도 안부를 아는 이가 없었다. 그녀의 연락을 간절히 기다리던 어느 날 오늘처럼 문자가 날아왔다.

나는 한달음에 달려 나갔고 그녀는 나를 차에 태우고 호수가 보이는 곳에서 멈췄다. 호젓한 벤치에 앉아서 준비해 온 차를 마시며 주고받은 말보다 더 많이 웃었다.

어린 나이에 아버지를 잃은 후 짊어진 가장의 무게를 채 벗어 내기도 전에 더 험한 일상을 만나, 주체할 수 없이 무거웠던 삶의 시간들을 어깨에 메고 죽음을 향하여 달렸던 때도 있었다. 세상적으로 성공한 뒤에 오는 피폐해진 마음과 외로움을 붙들고 아무도 모르게 울었던 날도 많았으나 세상도 그녀도 그날만큼은 평안을 누렸다.

그 후 우리는 드문드문 시간이 되는대로 문자와 만남을 이어 갔다. 나는 그녀가 예전의 밝고 건강한 모습을 찾아가는 과정을 함께했다. 최고의 경영권을 가지는 CEO로서 성공했음에도 그녀는 그것들을 찌꺼기같이 내려놓고 가벼워했었다. 그녀는 자신이 좋아하는 일을 찾았고 용기를 내고 도전하여 언어의 마법사가 되었다.

그녀가 말하면 나는 고개를 끄덕이고 소리 내어 깔깔대며 웃는다. 먹고 살기에 급급하여 오랫동안 묻어 두었던 아름다운 재능을 그녀 자신을 위하여 또 누군가와 나누기 위하여서 열심히 공부하고 부지런히 살아 내었다.

그녀는 시인이며 작가다. 『언어의 품격』이란 책을 내었고 여럿이 어울려 시집도 출간했다. 그녀는 언어를 통하여 마음이 아픈 사람들을 돕고 용기가 없는 사람들에게 용기를 주며 스스로의 울타리에 갇혀있는 이들에게도 세상과 소통하는 법을 가르쳐 주고 그들의 이야기를 들어준다. 그녀는 언어 치료사가 되어서 수많은 사람들과 사랑하며 살아간다.

그녀가 배워서 익힌 지식과 삶과 부딪쳐 습득한 지혜를 공유하고 나누는 선한 영향력을 실천하며 살고 있다. 코로나로 닫힌 시간과 갇힌 공간에서도 성장하는 언어와 자유로워지는 언어를 그녀는 매일같이 전하며 살았다. 나도 그녀의 강의를 듣고 배웠기에 그녀는 나의 선생님이시다.

그런 그녀가 카톡으로 나를 깨웠다. 석 달 전에 만났으니 오랜만의 만남이다. 내가 사는 곳에서 꽤 유명한 그녀이기에 만나자는 연락이 오면 무조건 오케이다. 그녀와 나는 오랜만에 산책을 즐겼다. 여전히 사진 찍기 삼매경에 빠져서 셔터를 누르고 있는 나를 그녀가 부른다. 내가 가까이 다가가니 벤치에 앉히고 그녀가 지은 시를 낭송해 주었다.

세 번째 스무 살 그대에게 / 강정희

세 번째 스무 살을 살아 내느라 참 수고하셨습니다
또렷했던 기억은 흐릿하고
머리엔 드문드문 흰 꽃이 피어 친구가 되었지만
여전히 그대는
순수하고
정직한 찰나의 감성을 가졌습니다
해가 뜨는 아침 산책길에선
하루의 시작을 노래하고

해가 지는 붉은 놀 앞에선
살아 낸 하루를 보듬어 감사합니다
하늘 향해 가지를 뻗어 올리는
나무를 보면
하늘의 푸르름을 만끽하고
여행길 낯선 풍경 속에선
첫눈에 반한 인연을 다시 만난 설렘으로 감탄합니다
오늘만큼은 그대가 하늘입니다
인생을 담은 시
가슴 벅찬 뜨거운 노래
그대의 존재가
오늘을 빛나게 합니다
바라보는 모든 것들이 순간마다 새롭기를
겨울을 이기고 꽃 피운
세상 그 어떤 빛나는 꽃보다
그대의 삶이 생의 향기입니다
그대의 오늘을 축하합니다
그대의 오늘을 감사합니다

그녀는 나의 삶을 사랑하고 응원한다며 낭송한 시를 내게 내밀었다. 그녀가 보낸 초대장의 사진처럼 하늘은 티 없이 맑고 푸르다. 이제는 그녀의 인생에도 기분 좋은 그리움들이 켜켜이 쌓이기를 축복하고 우리의 만남도 발효된 효소처럼 익어 가기를 나는 기도한다.

춘숙식당

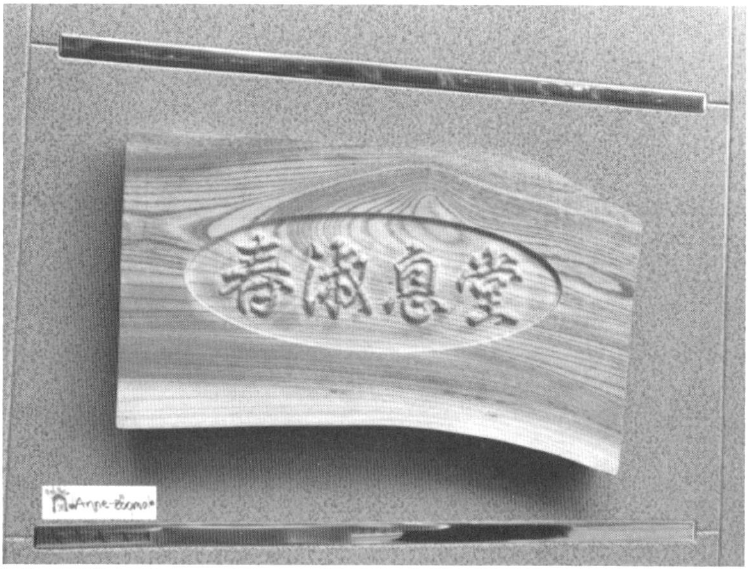

일 년에 한 번 해외여행을 떠나는 것보다 더 들떠서 여행을 가는 곳이 있다. 입은 옷으로 떠나면 된다. 여권을 챙겨야 하는 것도 여비가 필요한 곳도 아니다. 그저 무심한 날에 가겠다고 통보하고 오케이 사인이 떨어지면 마음이 원하는 만큼 쉬었다가 오면 되는 곳이다. 피도 눈물도 섞이지 않았지만 찐한 정으로 맺어져 형제가 된 춘숙식당의 주인이 사는 곳이다.

"여보~ 당신 짐은 다 챙겼제?"

"어~ 3박 4일인께 양말하고 속옷만 챙기모 되제."

"그래도 편한 바지 하나는 챙겨야제."

"하나 챙겼다."

"그라모 됐다~ 5시 전에 도착하려면… 어서 출발하자~"

육십이 넘은 부부가 떠나는 여행에서 챙겨야 할 물건 중 가장 중요한 것은 약봉지다. 나의 이명 약부터 남편의 혈압 약까지 각자의 가방에 꾸러미를 챙겨서 넣고 하나하나 다시 점검하며 주위를 한 바퀴 둘러본 후에야 차에 올랐다.

작년 요맘때 다녀오고 일 년 만에 여주를 다시 찾는다. 방문의 목적이 편안한 곳이라서 몸도 마음도 가볍다. 코로나로 갇혀 있었던 시간들을 보상이라도 받는 것마냥 하늘도 푸르다. 바람도 산들바람으로 여행하기 딱 좋은 날이라 콧노래가 절로 나온다.

여행이라는 이름을 붙여도 될 만큼 차를 몰고서 4~5시간의 먼 거리를 오고 가는 것도 일 년에 고작 한두 번이다. 세월의 깊이만큼 몸의 무게도 부드럽고 가벼울 것 같았지만 왠지 자꾸만 조심스러워지고 딱딱해진다. 아직도 갈 길이 먼데… 그래도 아직은 보고 싶은 사람이 생기면 주저하지 않고 만나러 갈 수 있는 건강과 마음이 있음이 감사하고 고맙다.

이렇게 나와서 하늘 아래 풍경들을 바라보면 아름답고 고운 자태가 볼 때마다 감탄스럽다. 오늘은 더 눈에 보이는 모든 것들이 파노

라마 감동으로 밀려오고 쭉 뻗은 길과 체인처럼 연결된 산과 들, 나무와 적당한 거리의 휴게소까지도 소리 없는 탄성에 절로 마음이 울컥하여 운전대를 붙잡고 있는 남편을 힐끔 쳐다보니

"와? 허리가 아프나?"

"아이다. 당신 힘들겠다 싶어서~"

"괴한타 나는~ 힘들 모 누라~"

둘 다 허리가 부실하여 휴게소마다 들려서 모퉁이 한적한 곳에 자리를 잡고 가벼운 스트레칭으로 몸을 풀어 주기도 하고 달콤한 라테를 마시기도 하며 여행이 주는 여유를 잠시라도 누린다. 고속도로 초입에서부터 밀리던 도로가 여주 입구까지 이어져 약속 시간보다 늦은 시간에 도착했지만 만남을 향한 설렘으로 무사히 춘숙식당에 도착하여 주차장에 차를 세우니 주인장 부부가 버선발로 뛰어나와 반가이 맞이했다.

"고생 많았지예?"

"아이다. 재밌게 왔다~"

차에서 가방을 내리고 천천히 주위를 둘러보며 마당으로 시선을 멈추어 잘 가꾸어진 나무와 풍성하게 피어 있는 꽃들과 눈인사를 나눈다. 두 부부의 사랑과 정성을 자랑이라도 하는 듯 바람에 나풀거리는 꽃들이 한 편의 동화처럼 다정하다. 작은 텃밭에서도 상큼한 먹거리가 한창이고 마당을 둘러싸고 있는 작은 산도 깔끔하게 정리가 되어 오래전부터 이곳을 관리하며 살았던 것처럼 평화가 가득하다. 산에서 불어오는 바람과 마당의 꽃들이 들려주는 얘기에 귀를 기울이며 데크에 걸쳐 앉으려니 안주인이 현관문을 열고 나오며 손

짓으로 부른다.

"배고프겠다~ 밥부터 먹자 언니야."

바깥주인은 마당에서 숯불로 삼겹살을 굽고 안주인은 짭조름한 된장찌개를 즉석에서 끓여서 갓 지은 밥과 시원한 음료를 곁들여 내니 진수성찬이 따로 없다. 아침부터 서둘러서 달려왔더니 허기진 배가 채워도, 채워도 끝이 보이질 않지만 세상에서 제일 편한 밥상을 받았으니 행복이다.

"당신은 여가 진짜 편한가 보다~ 오데 가모 편히 앉아서 몬 묵는데…"

"응~ 맞다. 내는 울 집보다 편하다."

두 부부가 어찌나 바지런히 움직이는지 내가 손 둘 곳을 찾지 못하고 주저앉아 먹는 모습을 보며 남편이 한마디 거든다.

곧 밤이 찾아왔다. 진정한 쉼을 위하여 각각의 방을 배정받았다. 거실 통창으로 보이는 마당과 하늘은 밤이 스며들었고 우리의 수다도 밤처럼 깊어 갔다. 두 부부의 부지런함으로 우리는 펜션에 쉬러 온 투숙객처럼 완전한 자유를 마음껏 누렸다.

다음 날 아침에도 집에서처럼 나는 늦은 아침을 만났으나 평안했고 안주인이 챙겨 주는 브런치를 맛있게 먹었다.

지난해에도 이렇게 편안히 4박 5일을 지내고 갔다. 평생을 몸을 움직여서 누군가를 챙기며 살던 내가 며칠씩 남의 집에 머물면서 이리도 무심히 지낸다는 것이 남편에게는 충격이었고 나도, 잠자리를 가리는 남편이 불평하지 않는 것이 신기했다. 아들네 집에서도 하룻밤 자고 일어나서는 잠자리가 불편하다며, 어서 집으로 가자고 말했던 남편이었다.

여행을 마치고 집으로 돌아가는 날 안주인을 안고 펑펑 울었다. 내 삶에서 이런 호사는 처음이었기에 흐르는 눈물이 뜨거웠다. 우리는 그들이 안내하는 대로 이 고급스러운 감동을 그대로 즐겼고 누렸다.

나는 참 복이 많은 사람이다. 내가 살아온 인생의 무게보다 더 많은 선물을 받았고 또 나누며 살았다. 특히나 만남을 통하여서 신이 주신 최고의 복을 받았다. 우리는 일생 동안 사람과 끊임없이 만나고 헤어지는 일상을 반복하며 살아간다. 요즘은 생명이 있는 식물이나 동물과의 만남에서도 의미를 찾기도 하지만 그래도 만남의 복 중의 최고의 만남은 사람이다.

현대 문명은 복잡한 문화가 공존하는 세상이라서 혈연관계가 없는 사람과 소통하고 마음을 공유하며 산다는 것이 쉬운 일이 아니기에, 이렇게 인연으로 이어져 서로의 삶을 공유하고 소통하는 만남은 그 어떤 물질과 보석보다도 귀하고 아름다울 수밖에 없다. 지금이라도 양팔을 벌려 부르면 반갑게 달려올 지인이 열 손가락은 족히 될 거 같은 인생이라 참으로 다행이다.

춘숙식당의 주인 부부와의 인연도 그래서 더 귀하다. 우리 부부가 다니는 교회로 그들 부부가 옮겨 와서 비슷한 나이의 모임에서 정이 들었고 가까이 지내며 동고동락한 세월이 20년을 넘었다. 어느 날 퇴직을 하고 여주에서 남은 인생을 시작하겠다는 소식을 전하여 듣고서 섭섭했지만 그들의 선택을 응원하며 먼 길을 배웅했다. 그렇게 만남의 복 하나가 우리의 쉼을 위하여 터를 옮겨 간 것이다.

'춘숙식당'은 부부의 이름을 한 자씩 따서 지은 바깥주인의 작업실 이름이다. 손재주가 좋아 그냥 묻어 두기에 아까웠는데 버젓한 작업실까지 가졌으니 여기서 만들어질 작품들도 자못 기대가 된다. 앞마당에 깔린 데크와 식탁, 작업실 안에서 2층으로 올라가는 엘리베이터도 바깥 주인의 솜씨다.

우리는 원주 소금산 출렁다리와 황학산 수목원, 명성황후 생가를 방문하고 동네 맛집도 순례하며 3박 4일의 여행을 꿈처럼 마감하고 집으로 돌아오는 날 아침에도 간식 바구니를 받아 들고서 차에 올랐다.

"언니야~ 내년에는 봄, 가을 두 번 오이라."

주 안에서 형제가 되었기에 값비싼 여행으로 누리는 호사보다 더 큰 기쁨과 섬김을 받았다. 앞으로의 길에서도 마주 보는 동행이 줄 행복과 즐거움을 기대한다. 춘숙식당에서 직접 내려 준 커피와 쫀득한 바게트 빵에 배인 부부의 정성이 입 안에서 사랑의 향기로 오랫동안 머물렀다.

남편의 택배 사랑

딩동 딩동!! 딩동 딩동!!

나른한 오후 시간, 남편과 나는 오수를 즐기기 위하여 각자의 방으로 들어왔다. 창으로 들어오는 바람에게 온몸을 맡기고 은근히 졸고 있다가 깜짝 놀라서 "여보~" 잠에 취한 목소리로 남편을 불러 보지만 '딩동. 딩동!!' 벨 소리는 내 귀에만 캔디다.

'이런…' 혼잣말로 구시렁거리며 잠깐의 시간이라도 남편에게 벌어 주려고 머뭇거려 보지만 상대는 대결할 생각이 없는 싸움이다. 십중팔구도 아니고 열에 열은 남편의 택배이건만 어쩌면 이렇게 한결같을까? 일부러 쿵쿵 소리를 내면서 남편의 방을 지나가며 "또 뭘 시켰노?" 투덜거리는 소리라도 들어주면 위로가 될 터인데 남편은 큰대자로 뻗어서 단잠에 빠져 코까지 골며 자고 있다.

'전쟁이 나도 모르겠네.'

피식 새어난 웃음을 입가에 물고서 대문 버튼을 누르니 택배 박스를 든 아저씨가 마당으로 들어선다. 박스를 받아서 그늘진 곳에 내려놓고 마루 중문을 열며 "여보~ 당신 택배 왔다. 머고?" 단잠에 빠진 남편을 깨워 본다. 잔뜩 힘이 들어간 목소리가 천둥소리 같을 터인데도 눈을 뜬 남편은 괘념치 않는다.

"택배가? 토마토다."

남편의 답은 늘 짧다.

"토마토? 아직 많이 남아 있는데 웬 토마토?"

"아니, 냉장고 보니 다 먹어 가던데?"

남편이 주는 사랑의 방식이다.

'딩동, 딩동!!'

잔뜩 찌푸린 목소리로 뛰어나가며 "또~ 머고?" 아저씨가 두루마리 화장지를 던지듯이 내려놓고는 사라진다.

'딩동. 딩동!!'

"여보~ 이건 머고?"

"응 아이들 내려 오모 줄라꼬~"

"아직도 올라모 멀었는데. 그라고 저거가 먹고 싶은 기 있을 낀데. 내려오면 물어보고 사 주면 되는데…"

하고 싶은 말이 기차같이 길지만 아무리 말해도 '쇠 귀에 경 읽기'다. 남편의 택배 사랑은 영역이 따로 없다. 생활 용품에서부터 주방 용품, 식품과 자신의 옷부터 사위의 운동복과 속옷, 양말까지. 심지어는 자신이 입으려고 구입했다고 하면서 나와 딸이 입으면 예쁠 것 같다며 같은 옷을 슬쩍 권하기까지 한다. 한창 때는 이틀에 한 번은 택배가 도착했다. 그나마 딸램이 물어보지도 않고 살까 봐 "아빠 절대로…" 하며 철벽 방어를 하기 시작했다. 아들 가족은 멀리 떨어져 있으니 그나마 다행이다. 요즘은 티셔츠의 색상을 지켜 주는 세제와 얼룩을 빼는 세제의 종류도 다양하다. 다 갖추어 두고 살기는 어렵지만 꼭 구입하여 써 보고 싶은 세제도 있다. 보통의 가정에서 사용하는 세제 용량은 큰 것이 3리터인데, 남편이 내리는 용량은 14리터다.

"여보~ 이거 다 쓰고 나면 내가 사고 싶은 게 있으니 내리지 마라~"

"응."

"여보~ 세제 언제 내렸노? 당신 안 사겠다고 약속했다 아이가?"

"저번에 두 통 산 거다."

프라이팬과 냄비도 구입할 시기가 되면 어디에 숨겨 두었다가 꺼내어 오는지 바닥이 긁히고 낡아서 버리려는 눈치가 보이면 당당하게 들고 부엌으로 들어온다.

"아이고 맙소사" 짐짓 놀라기도 하고 화를 내기도 하지만 고래와 새우 싸움이다.

마음씨 고운 내가 항복해야만 평화다.

'딩동 딩동!!'

'이번엔 내가 나가나 봐라. 절대로 안 나갈끼다.'

택배가 도착할 즈음에 신경을 써서 나가기라도 하면 좋으련만 꼭 그때쯤엔 외출을 하거나 집에 있을 때에도 화장실이나 낮잠이다.

"에그 쯔쯧."

친정엄마가 입에 달고 산 말이 내 입에서도 무심코 나온다.

"이번엔 또 머고?"

멍때리며 앉아 있다가 후다닥 정신을 차리고 뛰어나가서 대문을 열어 주니 아저씨가 제법 큰 택배 박스를 내게 내민다.

"아이코."

무겁게 보여 소리를 내고 받았지만 생각보다는 가볍다. 그런데 박스가 주는 분위기가 싸하다.

"여보!! 당신 택배 왔다."

이제는 내 목소리도 무덤덤하다. '웬일?' 마당으로 나오는 남편 얼굴에서 자신감이 충만하다.

"당신 선물."

"머꼬? 뭔 날이가?"

일단은 경계 태세로 시큰둥하게 받아친다.

"당신 꽃 좋아하잖아~ 꽃은 뭘 사야 할지를 몰라서 다육이다."

결혼하고서 첫 생일에 남편이 꽃을 들고 왔다. 하얀 종이에 싸여서 내게 건네준 꽃은 헉… 국화였다. 그것도 노란 국화, 장례식장에서나 볼 수 있는 활짝 핀 대국이었다. 그날 이후로는 꽃은 정중하게 사양했다. 어째 택배에 꽃이 없을까?? 한두 번은 궁금했지만 일부러 물어보지는 않았다. 괜히 물어보았다가 택배 테러를 당할 수도 있으니. 나름 고민하고 샀겠다 싶어서 이번엔 조금 부드러운 목소리로

"다음엔 내게 의논하고 내려라 여보~"

한동안은 꽃이라곤 거들떠보지도 않다가 요즘 내가 꽃모종을 여기저기서 얻기도 하고 사기도 하여서 어른 나무가 되면 가지를 잘라 삽목도 하고 뿌리를 내려서 나누기도 하는 모습을 훔쳐보았던 모양이다. 잘못 내렸다간 큰 코를 다칠 수 있으니 딴에는 집에 있는 다육이를 보고 비슷한 걸로 내리는 센스를 발휘했다.

무려 열 종류나 된다. 그럼 화분도 10개가 필요하다는 뜻이다. 다육은 작은 화분에 심어야 예쁘게 자란다. 이런 마음은 숨겨 두고서 오늘은 박스에서 잠을 재우기로 하고 한적한 곳으로 옮기며 남편을 쳐다보니 당황한 얼굴이다.

"아이다~ 박스에서 수고했으니 하룻밤 쉬었다가 내일 옮겨 심어 주면 더 좋다."

어제는 "여보~ 치간 칫솔 내려야겠다." 했더니 남편은 얼른 방으로 들어가 뽀스락거리더니 손에 작은 박스를 들고 나온다.

"당신~ 내가 이거 숨겨 둔 줄 알고 말했나?"

"내가 싫다는 것도 당신 생각으로 내리는데 꼭 필요한 거니 참새가 방앗간을 어떻게 지나가노? 당연히 쟁여 뒀겠지~"

고마움 반 핀잔 반 섞어서 대답을 하지만 남편은 고마움만 가려서 알아듣는다. 아마도 신이 주신 재능일 것이다. 남편은 자신의 행동

엔 사랑이 반드시 존재하기에 상대방도 당연히 그렇게 알아듣는다고 믿는다. 참으로 일방적인 사랑의 방정식이지만 오랜 시간을 함께 하다 보니 세뇌를 당했는지 중독이 되었는지 나의 생각도 그런 것 같다. 남편이 주는 사랑의 정서라고 믿는 것을 보면. 오늘은 어째 벨이 조용하다. 대신 오수에 빠진 남편의 코 고는 소리가 햇살의 반짝임을 따라 리듬을 타고 있다.

모정

에세이를 쓰다가 새벽에 잠이 들었다. 아침에 일찍 일어날 이유가 없기에 늦은 시각이라도 잠이 들기만 하면 꿀잠 속으로 들어가 오늘처럼 개운한 아침을 만날 수 있음이 복이다. 창을 열어 밤새 정화된 신선한 공기를 방 안으로 불러들이고 이불과 베개를 정리하여 한쪽으로 밀어내고 몸이 깨기를 기다리며 다시 누웠다가 천천히 일어나면 된다.

팡팡이를 들고 마당에 내려서니 옥상에 설치된 이동 통신 안테나에 걸터앉은 까치가 집주인을 알기라도 하는 듯 부지런히 날갯짓을 하며 아침 인사를 건넨다. 까치가 부르는 소리는 늘 반갑다. 까치 소리가 들리지 않는 날엔 목을 쭉 빼고서 건물 꼭대기에 있는 안테나를 뚫어져라 쳐다보기도 한다.

산 아래에 집이 있는 덕분에 새들의 노래를 지척에서 즐길 수 있는 이점도 있다. 아침이면 마당으로 나가 두리번거리는 이유가 되기도 하는 걸 보면 일상이 주는 재미인 것 같다.

지난해, 여름이 한창 농익어 가던 때이다. 창으로 들어오던 바람이 새벽인데도 후끈거려 그날은 밤새 몸을 뒤척이며 잠을 설쳤었다. 늦은 아침을 만나 일어나려는데 밖에서 들려오는 소리가 예사롭지 않았다. 날카롭게 찢어지는 소리가 쉬지 않고 들려서 얼른 몸을 일으켜 달려 나가 둘러보았으나 소리의 주인공은 보이지 않았다. 순간 소리가 잠잠해져 바깥에서 일어난 일이겠지 하고 안심하며 화분과 화단의 나무와 식물들의 상태를 둘러보았다. 그래도 혹시나 어딘가에 숨어 있을지도 모를 소리의 주인공을 찾아보았지만 어디에서도 보이지 않았다.

늘 하던 습관대로 호스를 꺼내어 화단과 화분에 물을 주고 집 안으로 들어가려는 찰나에 아침에 들었던 울음소리가 다시 들려서 돌아다보니 에어컨 실외기 위에서 다급한 소리로 울고 있는 새 한 마리가 보였다. 새는 담벼락과 전봇대와 대문 지붕 위를 번갈아 날아다니며 더 긴박한 날갯짓으로 구조를 요청했지만 내가 무엇을 도와야 하는지 도무지 감이 오지 않았다.

어떻게든 돕겠다는 생각에 집 안을 두리번거리다가 하수구를 내려다보았다. 우리 집은 오래되어 오픈된 하수가 있다. 하수관 위에 이상한 물체가 보였다. 고개를 숙여 자세히 들여다보니 움직임도 보였다.

“여보 나와봐~~~”

“머냐??”

남편이 들여다보더니 손으로 들어서 화단가로 옮겨 놓으며

“아기 새다. 살아 있네.”

“에고… 큰일 날 뻔 했네.”

“당신이 안 봤으면 우짤 뻔했노?”

나는 놀란 가슴을 진정시키고 어미 새를 찾았다.

“개한타 어미 새야~ 네 새끼 살았으니 걱정하지 마라.”

그런데 어미 새가 보이지 않았다. 조금 전까지만 해도 안절부절 못하며 울고 있었는데 어디에도 보이지가 않았다.

“근데 어미 새는 오데 갔노??”

그렇게 찾아도 보이지 않던 어미 새가 담벼락 위에서 아까와는 다른 차분한 소리로 울고 있었다. 아기 새에게 어미의 소리를 들려주며 안심을 시키려는 듯 쉬지 않고 울었다.

‘수고했다, 힘내라.’ 하는 것처럼 내게 들렸다. 그동안 아기 새는 젖은 날개가 말랐는지 화단에서 마당으로 날아와 앉았고 배가 고픈지 자꾸만 입을 벌렸다.

"여보 멸치라도 갖다 줄까? 배가 고픈가 보다."

"멸치는 딱딱해서 못 묵는다."

"그럼 머줄꼬."

"벌레를 잡아서 줘야제."

어미 새가 아기 새에게로 날아와 자리를 옮겨 가면서 아기 새를 살피더니 전봇대 위로 날아가서 먹이를 물고 내려와 아기 새에게 먹여 주고는 다시 전봇대 위로 올라가서 먹이를 가져오는 것을 반복했다. 우리가 아기 새를 구하여 낸 것을 보고 어미 새는 먹이를 구하여 전봇대 안에 감추어 둔 것 같았다. 그리고 계속하여 어미 새는 자신의 목소리를 들려주었다. 내가 계속 지켜보고 있으니 남편은 들어가자며 나를 붙든다.

"안 된다~ 잘못 날아서 도로 위에 떨어지면 우짜노."

조금만 더 지켜보고 가겠다고 말하며 돌아다보니 아기 새가 보이지 않았다. 놀라서 도로변과 집 주위를 살펴보니 옆집 초코네 쪽문까지 날아가 있었다. 아기 새의 날개가 다 마른 것 같아서 집 안으로 들어가 물 한 잔 먹고 나왔더니 담벼락에서 지켜보던 어미 새와 아기 새가 보이지 않았다.

"어미 새가 데리고 갔나 봐."

"아침부터 당신이 큰일 했다. 한 생명 살렸다."

"맞제~ 내 오늘 큰일 했제~ 비행 연습하다가 떨어진 거 같제?"

아기 새가 하수구 떨어진 것을 본 어미 새가 도움을 구하기 위하여 통곡하며 날아다니던 잔상이 아직도 나의 마음속에 먹먹하게 남아 있다.

부모가 자식을 품는 사랑은 모든 생명이 똑같음을 나는 보았다. 사람들이 하찮게 여기는 생명들도 새끼의 생명을 위하여 그들의 몸짓으로 최선을 다하여 지켜내는 모습은 만물의 영장인 사람인 내게도 결코 뒤지지 않았음과 생명에 대한 책임의 숭고함도 배웠다. 오늘 같이 새소리가 유난히 가까이서 들리고 그들이 비행을 하는 모습과 마주할 때면 지난해 여름이 생각이 난다. 이제는 아기 새도 어미 새가 되어서 자신의 새끼에게 안전한 비행을 가르쳐 주는 모습을 상상해 본다.

에필로그

무모한 도전이었다. 오랜 세월 기다렸던 꿈이어서 흔들리지 않는 마음만 있으면 족할 줄 알았다. 지난 한 해를 보내면서 새해에 하고 싶은 것들을 노트에 적어 보았다.

늘 하는 버릇이지만 새해를 맞이하는 내 마음이 다른 해보다는 조금 특별했다. 기도로 시작한 블로그가 포기하고 밀어 두었던 꿈을 불러내 주었다. 나이가 들면서 좋아하는 것을 해 보고 싶다는 내 안의 열망이 뜨거웠다. 태어나면서부터 지금까지, 하루하루의 시간이 감사하다. 나의 역량을 너무나 잘 알기에 가능한 감사다. 그러나 이제는 나를 위한 시간을 쓰고 싶었다.

육체의 고단함이 익숙해지면서 나이가 들어 익어 가는 시간에 대한 달큼한 내음도 좋다. 받은 세월의 무게만큼 마음의 씀씀이도 느슨해진다. 코로나로 인하여 닫힌 시간에, 알지 못했던 세상을 블로그를 통하여 만났다. 내가 브랜드가 되는 세상이다. 앞으로 살아갈 여정에 대한 구체적인 계획을 그려 보는 기회가 되었고 수동적인 삶에서 능동적인 삶으로 변화되는 꿈을 그려 보았다.

새해가 되면, 새해에는… 하고 막연했던 꿈을 상상하던 새해 어느 날, 꿈의 도서관에서 '안녕, 나의 한옥집'의 임수진 작가님이 진행하는 '나의 에세이' 쓰기 공고를 보았다.

기다려 왔던 기회라고 여겼기에 망설이지 않고 신청하였다. 글쓰기에 대한 목마름이 있었고 내 삶에도 착한 의미를 부여하여 살아온 날들을 반추해 보며 글로 써 보고 싶었다. 그런데 간절함은 있지만 어떻게 시작하여 풀어내어야 하는지 엄두가 나지 않았다.

평생의 꿈인 종이책까지는 나의 재주가 험했다. 임수진 작가님과는 블로그를 통하여 이미 친밀한 정서를 나누고 있었기에 용기를 낼 필요도 없음이 좋았다. 그녀라면 굳어 있는 내 안의 감성을 부드럽게 녹여 주고 싸매어 둔 상처를 풀어서 그 안에 박힌 가시들을 하나하나 핀셋으로 뽑아 줄 것만 같았다. 역시 믿음대로 임수진 작가님은 무성하게 자란 잡초 같은 나의 정서를 정원사처럼 다듬어 주었고 곪아서 삭은 상처를 그녀의 체온으로 품어 주었다.

'나의 에세이' 1기를 무사히 끝내고 그동안 배우며 썼던 글을 모아 「빨강 머리 앤줌마의 봄」이란 제목으로 전자책 출간을 하였다. 처음부터 내 생각은 '내친김에 종이책까지 가 보자'라는 계획이 있어서 임수진 작가님에게 글쓰기를 제대로 배우고 싶었다.

나는 '나의 에세이' 2기에도 참여하여 종이책에 대한 꿈을 구체화시켰다. 막연히 품어 왔던 꿈을 블로그 이웃님들과 임수진 작가님의 응원에 힘입어 꿈을 현실화하는 시간을 만든 것이다. 돌아다보면 터무니없는 용기였다. 내 속에 있는 나의 역량을 누구보다도 잘 알고 있는 내가 '감히 책을' 하는 민망함이 아직도 있다. 특별히 내세울 학력도, 명예도 쌓아 놓은 물질도 없다. 이만큼이라도 글을 썼다는 것에 감사하며 그만두고 싶었던 마음의 유혹도 무수히 많았다. 그러나 무모한 생각을 뛰어넘어 용기를 내고 도전하면 반드시 꿈이 이루어지는 현장에 서게 될 것임을 믿었다.

내 삶의 단상을 글로 쓸 기회가 껌딱지처럼 달라붙어 꿈을 만나는 고마운 시간이 되어 주었고 인생의 자랑도 더하여졌으니 감사하다. 짧은 시간에 해내었다는 것이 기쁘고, 임수진 작가님을 비롯한 '나의 에세이' 1기와 2기의 학우님들과 블로그 빨강 머리 앤줌마의 이웃님들께도 감사의 인사를 드린다.

부족한 글을 읽어 주고 칭찬과 응원으로 독려해 주심이 최고의 사랑이었음을 고백하고 싶다. 계속되는 글쓰기에 무엇을 쓰고 있는지도 모르고 내용의 의미도 인지하지 못하고 습관처럼 써 내려갈 때쯤엔 딸의 도움이 절대적인 힘이 되어 주었다. 초고를 읽으며 반복되는 부분과 욕심을 낸 문장을 과감히 내려놓도록 냉철한 눈으로 조언해 준 딸에게도 감사를 전한다. 또 에세이를 쓰는 동안에 예민한 나를 받아 준 남편과 책이 나오기까지 모든 정보를 공유해 주고 도움을 주신 블로그 꿈꾸는 소년님께도 감사를 전하며 무엇보다 이 모든 과정을 인도하신 하나님께 영광을 돌린다.

부족한 사람이 한 권의 책을 세상에 보내며 덧붙이는 소망은, 혹여라도 스스로의 인생이 보잘것없다는 생각을 하고 있다면 앤줌마의 책을 읽고 마음 깊은 곳에 밀어 둔 꿈을 불러내고 만나는 기회가 되기를 축복합니다. "세상에서 가난한 인생은 없다. 꿈이 없어서 가난할 뿐이다." 우리는 행복하고자 이 땅에 태어났음을 기억해요~~

사랑합니다. 고맙습니다.